共存と福祉の平和学

―― 戦争原因と貧困・格差 ――

岩木秀樹

第三文明社

はしがき

現在、世界で最も大きな問題は、戦争と貧困・格差、環境問題であろう。本書ではこの中の戦争と貧困・格差の問題を主に扱う。いわば直接的暴力としての戦争と構造的暴力としての貧困・格差問題を論じる。このような様々な暴力の原因や解決への方途を提起し、共存と福祉のための幸福平和学を試みる。[1]

本書の特徴は、宇宙や人類の誕生から論じ、長い時間枠を設定したことである。また、サル学、考古学、人類学、歴史学、経済学、福祉学などの成果を利用し、学際性も試みた。戦争と貧困・格差のような大きな問題を考察する上で、長い時間枠と広い学際性はどうしても必要だった。

平和学の類書で、戦争の原因を起源にまでさかのぼって書かれたものは少ない。[2] まして貧困・格差などの広い意味での福祉まで視野に入れた平和学の研究はさらに少ない。直接的暴力である戦争の研究とともに、私たちの生活に身近で幸福に直結する貧困・格差の問題も、平和学にとって重要な問題であろう。貧困・格差の拡大が社会不安を招き、社会的ストレスが増大し、テロや紛争の要因ともなっているので、直接的暴力と構造的暴力は密接な関係を持つのである。

本書の構成は、第一部では直接的暴力である戦争の一般的原因を、第二部では構造的暴力である貧困・格差の問題を扱う。どちらも人間や生命、地球や宇宙を破壊するものであり、なぜそのような問題が生じ、現状はどうなっており、どうすればよいのかを考えていきたい。

第一部の第一章では、暴力の起源を長い視点から捉え、類人猿と人間との相違に戦争の原因を見いだし、戦争本能論を批判しながら、人間が利他や協力を求めることを説明する。第二章では、狩猟採集社会から農耕牧畜社会への変化に伴う排他的線引き、系譜意識、政治権力の誕生が戦争原因になっていることを考察する。第三章では、国家と戦争の関係を瞥見《べっけん》し、国民国家における主権概念や明確な領域性、ナショナリズムにより戦争が増大することを分析する。第四章では、軍産複合体など経済的要請により戦争が生じることを論じ、最近の戦争が莫大《ばくだい》な浪費であることを指摘する。

第二部の第五章では、貧困・格差が広がり、世代間に連鎖し、それにより病気や暴力が広がることを説明する。第六章では、貧困・格差を減少させるための方途として、ＳＤＧｓや社会関係資本、正義の問題を取り上げる。第七章では、貧困・格差の解決の具体的政策として、ベーシック・インカム、ベーシック・サービスやグローバル税制を論じる。第八章では、貧困・格差や分断、憎悪を超克《ちょうこく》するため、正義と倫理の問題としてコスモポリタニズムを取り上げる。

終章では、現在が大きな転換期であり、人間中心主義を脱却し、あるべき幸福を求め、私たち全ての有情、非情が宇宙の構成員であることを確認する。

目次

第二部　貧困・格差の問題——構造的暴力と福祉

終章　転換期の現在――新しい思考と幸福

【第一部】　戦争の原因——直接的暴力と共存

第一章　人類史の中の暴力の起源

はじめに

本章では、まず戦争の定義を広義に捉えて、ビッグヒストリーの観点で戦争を説明し、惑星的視点で戦争と平和を見ていく。次に、類人猿と人間の相違点から戦争原因に迫り、人間の社会性や抽象化能力が戦争原因に関与していることを分析する。さらに戦争原因を本能に求める説を批判的に考察し、本能の曖昧性《あいまいせい》、本能により戦争をするのではないことを宣言した一九八六年のセビリア声明や人類学から本能論への批判を見ていく。最後に、人間が共同、協力、利他を求める動物であり、それによる戦争低減化の可能性を展望する。

一　ビッグヒストリーから見た戦争

歴史家のクインシー・ライトによれば、「最も広い意味での戦争の定義は、星の衝突や動物同士の争い、原始部族間の闘いなどの暴力的接触」としている（Wright 1983:5）。この定義によるならば、宇宙の誕生以来戦争が存在していたことになる。しかしライトも一般的な戦争の定義としては、国家のような政治集団間の争いで、長期かつ大規模な敵対行為を伴うものとしている（ライト一九七四：五三七）。このように基本的には戦争の定義は後者のようなものが一般的であろう。

だがここでは、あえて戦争の定義を最大化し、長い歴史の中でビッグヒストリーの観点から戦争を見ていき、戦争に新たな視点を加えていくことにする。

ビッグヒストリーとは、約百三十八億年前に起こったといわれるビッグバンによって宇宙が誕生してから今日まで、さらには宇宙が消滅するまでを視野に入れた壮大な歴史である（中西二〇一四：一四）。また、宇宙の起源にまでさかのぼって、時間の全てにわたる歴史を再構築する試みである（Christian 2014:3=2016:4）。

ビッグヒストリー研究者のデイビッド・クリスチャンによれば、今までの歴史では、王や貴族による戦争などが中心に描かれていたが、そのような歴史観は限界に来ている。国家や時代によって分割された暗記中心の歴史から、宇宙の始まりから未来までも包含した大きな歴史が必要とされている（『朝日新聞』二〇一五年三月十三日付）。

現在、戦争や環境破壊、貧困・格差の問題、精神の荒廃等の諸問題が地球上を覆っている。今までのたこつぼ型の一つのディシプリン（学問分野）では問題解決は難しくなっている。また、排他的な領域を前提にした国民国家システムが機能不全に陥《おちい》っており、領土争いや分離・統合問題が台頭している現在、長く広い視野で歴史を考えることは有効であり、国民国家やナショナリズムの相対化につながろう。

ビッグヒストリーにより宇宙と地球の時期区分をするならば、次のようになろう。第一の時期は、約百三十八億年前のビッグバンから約四十億年前の地球における生命の誕生までの時期で、「自然現象の時期」である。第二の時期は、生命の誕生から約二十万年前のホモ・サピエンスの誕生までの時期で、「生命の誕生と多様化の時期」である。第三の時期は、ホモ・サピエンスの誕生から約一万年前の農耕の開始までの時期で、「新しい生物・人間の誕生の時期」である。第四の時期は、農耕の開始から約二百年前の近代世界の成立までの時期で「農業革命による脱食物連鎖をする人間の時期」である。第五の時期は、近代世界の成立から現代までで、「近代化の時期」である。

ライトが言うように星の衝突などの暴力的接触も戦争の定義に入れるとするならば、まさに宇宙や地球、生命の歴史は、戦争の歴史と言っても過言ではない。そもそも宇宙や地球の成り立ちはこのような暴力的接触によるものである。また、六千五百万年前の隕石《いんせき》の衝突により恐竜が絶滅したことも文字通り暴力的接触である。隕石の衝突がなければ恐竜はいまだに地球最大の生物として君臨している可能性があり、その結果、哺乳類《ほにゅうるい》は小型のままで、人類が誕生することもなかったかもしれない（Alvarez 2017=2018:41）。

このようにビッグヒストリーによって新たな知見を得ることができ、また長い歴史から現在の国民国家やナショナリズムをも相対化できる。歴史とはナショナル・ヒストリーではなく、宇宙、地球、生命、人類の百三十八億年に及ぶ歴史によって枠づけられるものである。そのような観点から、現在、地球の安全保障と人間の安全保障が最も差し迫った課題であり、国家の防衛ではなく、地球の防衛が重要なのである（Gustafson 2017:158,160）。国連をさらに発展させることや世界政府の樹立などよりも、はるかにラディカルな惑星的思考による世界観を確立することをビッグヒストリーは志向している（Rodrigue 2017:208）。

ビッグヒストリーの観点から戦争を見ていくと、壮大かつユニークなものとなる。長く広い観点で現在の戦争も考察でき、人類史的、惑星的視点から平和の問題を捉えることができる。だが一方で、戦争の定義がぼやけてしまうことになり、人類史の中での戦争を明瞭に見ることができない。したがってこれ以降、戦争を政治集団間の武器を用いた組織的な暴力として、扱っていくことにする。(1)

戦争を国家間の武力行使を伴う闘争のみであるとするならば、今日多発している国内の集団や国家を超えた集団、またいわゆる「テロリスト」など国家以外の集団や社会の闘争は含まれないことになり、概念としては狭く、現実に適応できないようである。

戦争をより広く構造的暴力と見て、貧困、飢餓、抑圧、疎外、差別のある状態として戦争を捉えるガルトゥングらの論もあるが（Galtung 1969=1991）、この第一部ではこのような定義はひとまず留保して、前述のように戦争を定義しておく。

二　類人猿と人間の暴力

（1）動物の攻撃と人間の暴力

ここでは、動物と人間、特に類人猿と人間の暴力の問題を見ていき、その相違点から戦争の原因に迫りたい。

まず攻撃と暴力は区別しなくてはならないであろう。攻撃とは多くの種に見られる動物に普遍的な行動である。また、攻撃は多くの動物とともに人間が生来的に持つ資質であるが、生物の生存競争の一環にとどまる限りでは暴力ではない。自らの生命やなわばりを守ったり、獲物を捕らえたりすることは、自然の生命活動であって、暴力とは言わない。このように人間の攻撃性は他の生物にも共通したものであり、動物と人間には連続性がある。生命維持の自然活動である限り、それには悪というレッテルを貼ることはできないであろう（伊藤二〇〇一：九―一〇、小林二〇〇八：二〇―二二）。

これに対して、暴力という言葉は、人間から動物への使用も多少はあるが、基本的には人間同士に使う用語であり、してはいけないこと、悪であるという意味が含まれている。攻撃は文化ではなく、動物一般に見られる行動であるのに対して、暴力は人間に典型的に見られる後天的な文化的行動なのである（伊藤二〇〇一：一〇一一二）。

（2）異種と同種間の争い

現代の生態学や行動学では、異なる種と同じ種内の争いとでは、違う性質を持っていることは常識である。肉食獣のライオンやオオカミが獲物を狙うのは、食欲から発する行動である。同種の仲間を攻撃するのは、テリトリーをめぐる争いだったり、交尾相手をめぐる葛藤が原因だったりする。しかし、獲物を狙うのと同じ方法で同種の仲間を攻撃することはない。獲物は効率よく仕留めることが重要だが、同種の仲間を殺すまで攻撃する必要はない。争いが起こった原因を取り除くか、自己主張を相手に認めさせることが目的だからである。そのため同種の仲間に対する攻撃には、相手が納得すれば攻撃が抑えられるようなルールがある。

同種の動物同士の争いは、相手を抹殺《まっさつ》することではなく、限りある資源をめぐっていかに相手と共存するかを模索することにある。その限りある資源とは食物と、交尾をする相手である。

自らの生命を維持し、子孫を残すために、動物は争いを起こす。霊長類研究者の山極寿一は、人間社会に見られる争いごとも、もともとそういった食と性をめぐる葛藤から生じたのではないかと示唆している（山極二〇〇七a：三四―三六）。

多くの動物において、種内の攻撃行動は、敵に傷害を与えないように儀礼化されている。同一種内の殺害を禁じることは先天的要素であり、殺害を命じることは文化という後天的要素に由来すると考えられる（Eibl-Eibesfeldt 1975=1978:49-430、油井二〇〇四：七二）。精神科医のアンソニー・ストーによれば、自分自身の種のメンバーを殺す習性を持った脊椎《せきつい》動物は人間以外にいない。同じ種の仲間に残虐行為をして積極的な喜びを感ずる動物は人間だけである。私たちはかつて地上を歩いたものの中で、最も残忍で無慈悲な種なのである（Storr 1968=1973:11、小林二〇〇八：二二）。

しかし、同種内での殺害の例は動物の中でも、若干存在する。それは霊長類やライオンのオスによる子殺しである。他者の子どもを排除することで、自分の子孫をたくさん残そうとするとともに、子を殺されたことによりメスの発情が早まる。つまり自分の子どもを確実に残そうという繁殖戦略として理解できる（山極二〇〇七a：三四―三五）。子殺しは確かに同種内の殺し合いではあるが、性と生殖に関わる個体の繁殖を目的とするものであり、広い意味での動物の攻撃行動であって、人間の戦争とは異なるものであろう。

だが近年の研究では、ある種の動物が同じ種の動物を殺している例が記録されるようになってきている。特にライオン、オオカミ、ハイエナ、アリのような社会性を持つ種の場合、よく組織された集団攻撃という形で、隣の群れを殺戮《さつりく》する場合がある。さらに高等な類人猿であるチンパンジーもゴリラも人間と同程度には同じ種に殺されていることが指摘されるようになった（Diamond 2014=2017:283-284）。また哺乳類では、社会的な動物ほど、脳が大きいことが報告されている。特に霊長類では、群れのサイズが大きいほど、大脳の新皮質が大きくなる傾向がある（更科二〇一八：一六五）。これらのことから社会性や人間に近い高等な知能も争いの原因と考えられるであろう。

相手を死に至らしめる集団間の致命的な暴力は、人間とチンパンジーがともに持っており、他方、集団間の友好は人間とボノボ（ピグミーチンパンジー）がともに持っている。このように、人間は相反《あいはん》する二つの性質を具有している。ただその獰猛《どうもう》なチンパンジーですらも、戦う時は、忍び寄り、非力な相手を見つけ出して不意打ちを食わせるが、相手が強そうだと手を出さずにさっと引き上げる、というスタイルをとるので自分たちの損害はほとんどない。このようにチンパンジーも、自身に被害が及ぶような危険を冒《おか》さないのである（加納二〇〇一：七〇、七八）。

現実的に、動物が大量虐殺や長期間にわたる戦争を行ってきたわけではないので、動物の争いと人間の戦争を分ける必要があろう。

（３）類人猿と人間の相違点

生化学者たちはＤＮＡの塩基配列を比較する方法を次々に開発し、類人猿と人間との遺伝的距離が、類人猿とサルとの違いよりも小さいことを明らかにした。なかでもチンパンジーとボノボが最も人間に近縁で、人間はチンパンジーと全塩基配列の約一％、ゴリラと約二％しか違わない。最近ではアフリカの類人猿と人間を同じ科に入れ、ヒト科に分類しようとする意見が出てきている。このように人間が生物学的に類人猿とわずかしか違わないという事実が次第に明らかになってきた。

また、人間家族の成立条件は、インセスト・タブー（近親相姦《そうかん》のタブー）、外婚制、分業、コミュニティーの四つであるが、このうち分業を除く三つの条件がすでに人間以外の霊長類にも見られると考えられている。今まではインセストの禁止は人間社会のみに見られる独特な規範と考えられてきたが、現在は人間と動物の社会を区別する特徴ではなくなっている（山極二〇〇七b：二〇―二一、一八四）。

このように類人猿と人間の連続性を研究することにより、人間の行動や暴力の問題を原初に立ち返って考察でき、さらには戦争の原因の一端を類人猿の生活、生殖、集団性の中に見いだすことも可能となろう。だが現実的には連続性と戦争原因との関係は薄く、類人猿が行う限りある資源をめぐる争いは、直接戦争につながるものではない。

今まで見てきた類似性とともに相違点も見なくてはならないであろう。むしろ戦争の原因という観点では、類人猿は戦争をしないが人間はするので、その相違点に戦争の原因が隠されている可能性が高い。

まず生活史の観点で人間と類人猿を比べてみると、大きな違いが三つ存在する。それは子ども期があること、青年期があること、閉経後何年も生きることである。子ども期はすでに離乳しているのに一人前の食事ができない時期である。青年期は繁殖力があるのに繁殖できない時期を指す。人間の特徴である閉経という現象は、子ども期を支えるように進化したという説がある。人間の女性は閉経を前倒しして、自分で子どもを出産するよりも、すでに生まれた子どもの成長や、娘や息子たちの出産と育児に手を貸すことで子孫の生存率を高めようとしたのかもしれない（山極二〇〇七b：一九四―一九五）。これらの相違点は、人間が社会性、協同性を持った動物であることを示すものである。

現生の類人猿が熱帯雨林から出られなかったのは、肉食動物が多い地上で生活できなかったからである。初期人類がなぜ地上の生活に適した特徴を身につけるようになり、やがて樹木のないサバンナへ進出するようになったかは謎である。しかし山極によれば、その理由は直立二足歩行(2)という移動様式と家族という社会性にあると考えられる。生態的な理由で発達したこれらの特徴が、後に言語を生み出し、さらに人間に独特な暴力を生み出す基礎となったのであろう。

二足歩行により、前足である手が自由に使えるようになり、道具を生み出し、その影響で脳が発達する。臨機応変な採食行動を獲得し、他の動物が手を出せない食物を手に入れるために、大きな脳(3)が役に立つようになった。肉食動物を出し抜いて獲物をさらったり、石器で骨を割って骨髄を取り出したり、棒で固い地面を掘って根茎類《こんけいるい》やシロアリなどを掘り起こしたり、記憶力、洞察力、応用力が必要になったのである（山極二〇〇七a：一九五―一九八）。

人間は直立二足歩行と大きな脳を進化させるために背負った負債を、親以外の仲間の手を借りて軽減しようとした。それが人間のユニークな社会性、協同性をつくった。社会性の高い動物はしばしば同種内での戦いが見られるので、この社会性が戦争の原因ともなるであろう。このことは、チンパンジーの戦いと人間の集団間の戦いには明らかな違いがあることからもわかる。チンパンジーは同種内での戦いも見受けられるが、人間と比較すれば自分たちの利益と欲望に駆られて戦いを起こしている。それに対して、人間の戦いは群れに奉仕することが前提となっている。人間が戦う意味は、家族を生かすため、共同体の誇りを守るために、傷つき死ぬことである。チンパンジーは死を賭《と》して戦うことはないのである(山極二〇〇七b:xii、山極二〇〇七a:二一二)。

言語の使用も人間の大きな特徴である。言語により物事を抽象化するようになり、様々なイデオロギーが後に生まれた。また、言語は超越的なコミュニケーションを可能にし、そこにない出来事や空想上の話を伝える機能がある。実際には見ていないこと、聞いていないことを体験させ、それを仲間で共有することも可能である。この機能によって、言語はバーチャルな共同体をつくり出した。さきほどの社会性が融合され、後に国家や民族などの幻想の共同体が人びとの心に宿るようになり、現実に合わない幻想の共同体が上から恣意的《しいてき》につくられ、それが膨張し、他国との対立が助長され、しばしば戦争への道を進むこともあった（山極二〇〇七a：二二一―二二三）。

このように社会性、言語の使用は人間の人間たるゆえんであり、高い文化を創り出した原動力であったが、半面、戦争の原因ともなったのであろう。

三　戦争は本能か

（1）心理の外在性と拘束性

ここでは、戦争原因を生得的な攻撃本能に帰するアプローチを検討する。ユネスコ憲章の前文には、「戦争は人の心の中で生まれるものであるから、人の心の中に平和のとりでを築かなければならない」とある。このユネスコ憲章や世界人権宣言、そして日本国憲法も、第二次大戦の言語に絶する惨禍と反省により、世界の永久平和を希求する人類の高き英知の結晶である。相手への憎悪が人の心理で発生し、戦争に人間の心理が何らかの関与をし、戦争を増幅させていることは確かであろう。極端に言えば、心理が全く関与しない戦争は考えられない。戦争は人間がつくり出すものであり、人間が存在する以上、人間の心理は密接な関連を持つ。

だが、戦争の原因を心理のみに求めるのは性急であり、社会性、時代性、地域性など多元的に原因を検討しなければならない。私たちは、人間の心理や欲望、動機が社会に何らかの影響をもたらす社会の創造者であるのと同時に、環境や社会がある特定の心理を形成する社会の被造物なのでもある。個人意識は集合意識の外在性と拘束性により形成される側面もある(Durkheim 1895=1973, Giddens 1989=1992:670)。また、戦争を欲していない人も戦わざるを得ない状況や社会構造、社会制度も考慮しなくてはならないであろう。

(2) 本能としての戦争

戦争原因を個人心理の中の特に攻撃本能に求める者として、心理学者のジークムント・フロイトがいた。彼は攻撃性が破壊しさることのできない人間本性の特色であると述べ、セックスとともに攻撃性を人間の本能であるとした(Freud 1968:62-80)。彼は二十世紀初頭、初めて性本能の重要性を発見し、当初はそのことのみしか注目しなかったが、一九一五年以降、第一次大戦の影響を受けたこともあって、攻撃本能についても語るようになった（Tournier 1977=1980:19）。

フロイトとは異なり、攻撃本能の建設的側面を見る心理学者にポール・トゥルニエがいる。彼によれば、攻撃性はフロイトのリビドー（性衝動）と同じく生命力の一つの表れであって、その意味では誰の中にもあるものであり、それ自体良くも悪くもない。したがって、それから出てくる暴力も直《ただ》ちにその善悪、当不当を断じ難い。しかし、ひとたび攻撃性が私利私欲と結ばれ、己のために力と権力を獲得する手段として用いられるようになると、攻撃性は諸悪の根源となり、悪質な暴力が発生する（Tcurnier 1977=1980:333、訳者あとがき）。

このようにトゥルニエにしても、攻撃性そのものが戦争を引き起こすのではなく、私利私欲や権力が媒介となって起きることを指摘している。本能や心理的なものが直接、戦争を生み出すのではなく、ある媒介や契機があって戦争は起きるのである。

フロイトにもトゥルニエにも言えることは、本能という言葉の曖昧な使用である。そもそも本能とは、一般には動物のそれぞれの種に固有で、合目的性のある経験を必要としない生得的な行動を生む内的な傾向ないし力であり、今日では厳密な学問用語としてはほとんど用いられなくなっている。本能概念は実のところ、説明すべき事象を単に本能という言葉に置き換えた一種のトートロジー（同義語反復）にすぎないうえ、現象の数だけ本能を数えあげることができるので、科学的用語としては、無意味である（奥井一九八四：一二四九―一二五〇）。

（3）本能論への批判

一九八六年にスペインのセビリアで開かれた「脳と攻撃」に関する第六回シンポジウムで発表された「セビリア声明」は、一九八九年のユネスコ総会で普及促進が決定された。この声明を要約すれば、次のようになる。①動物が他の動物を襲うのは肉体的必要を満たすためであり、本能的に他の動物を「攻撃」するのではない。②暴力は遺伝ではなく、人間の性格は遺伝と環境によって決まる。③生物進化の過程で人間がより攻撃的になったという証拠はない。④「暴力的な脳」というのは存在しない。⑤人間は本能によって戦争をするのではない[4]（油井二〇〇四：一一二、Adams 1989=1996）。

戦争の原因を本能に求める研究者は、本能を重視する生物学者、心理学者、社会心理学者のうちでも少数である。もし本能により戦争が起こるのなら、生物的存在でもあり、何らかの本能的なものを有しているであろう人間は、いついかなる場合でも必ず戦争を行うことになる。

また、戦争は人類にとって宿命であることになり、平和への努力が全くの無駄になってしまう。安全保障研究者の石津朋之によれば、戦争本能論は、人類は人類であるがゆえに戦争が生起するということになり、なぜ戦争が別の場所ではなくここに生起したのか、なぜ彼らではなく、我々が戦争に関与したのかといった問題に対して、何ら有効な回答を見いだし得ない。また、ある戦争の決定が人間の意思、例えば政府によって自発的かつ意識的に下されているという事実を説明できない（石津二〇〇四：三一、Brodie 1973:339）。このように、人間は必ずしも常に戦争を行うのではない。人間は本能によって戦争を行うのではないということを証明するのに、次に見る人類学は多くの示唆を与えている。

（4）人類学の観点

人類学的研究によると、葛藤や闘争は至るところで起こっており、人はしばしばそれを不可避なものと見るが、それが表出される仕方や引き起こす反応は非常に多様であり、様々な解決法が存在しており、常に暴力を伴った闘争となるわけではない。

例えば、インドのある地方では意見の相違が起こった時、祈禱師《きとうし》を呼び全ての決定を彼に任せる。コロンビアのサンタ・マルタでは二人の間の苦情は当事者が棒を持って岩や樹に行き、侮辱的な言葉を吐きながら、岩や樹を叩《たた》き、先に棒を折ったほうが勝利者となる。ブリティッシュ・コロンビア及び合衆国西北部のネイティブ・アメリカンの間では、論争はポトラッチとして知られている制度によって通常解決される。この制度では論争の勝負は、可能な限り多くの財産を破棄または破壊することによってつけられる。

このように対立、葛藤が生じた場合、個々の文化集団において解決法は異なる。つまり対立、葛藤が必ずしも物理的暴力を伴うものではなく、個人が第三者に委託するか、あるルールを伴った儀式を行うか、財産の放棄で戦うかは、その属する集団の伝統や慣習により異なる（Klineberg 1964=1967:12-14）。

以上のように、攻撃行動が文化により多様な違いを見せ、初期人類社会や現在のいわゆる社会が未分化な地域には戦争が存在しなかったとすると、戦争原因を攻撃本能にのみ求めることはできなくなる。(5)

四　利他と協力

(1) 社会性と共同性

人間は単に攻撃本能により戦うわけではないことは前節で見てきた。むしろ人間は戦いよりも利他や協力を求める側面が強いことをここでは説明する。

山極は現代の暴力や戦争を止めるためには、人間の持つ能力をもっと積極的に活用するべきであるとして、次のように主張している（山極二〇〇七a：二二七―二二八）。人間の社会性を支えている根元的特徴とは、育児の共同、食事を皆の前で一緒に食べること、インセストの禁止、対面コミュニケーション、第三者の仲介、言語を用いた会話、音楽を通した感情の共有などである。霊長類から受け継ぎ、それを独自の形に発展させたこれらの能力を用いて、人間は分かち合う社会をつくった。それは強力な権力者をつくらない共同体であり、もう一度この共同体から出発し、上からではなく下から組み上げる社会をつくっていかねばならないと山極は訴える。

人間が他の霊長類に比べて、子どもを多く産むようになってから、共同で育児をすることを社会の中心に据えてきた。共同の育児という教育によって、人間の子どもたちは多様性と可塑《かそ》性《せい》を身につけることができるようになった。このことをうまく活用すれば戦争の低減化にも寄与できるであろう。このように共同性は人間にとって重要であり、平和を維持する一つの要因ともなろう。

(2) 同調性と協力

また同調性は、他者との調和の最も古い形で、自分自身の体を他者の体に重ね合わせ、他者の動きを自分自身の動きにする能力に基づいている。だからこそ、誰かが笑ったりあくびをしたりすると、私たちも笑ったりあくびをしたくなる。これらの同調性はサルや人間の新生児の段階にも見られる。

だが、異質に見える人や別の集団に属していると思われる人と同一化するのは難しい。文化的背景や民族的特徴、年齢、性別、職種などが同じもしくは、自分と似た人たちとのほうが同一化しやすいし、配偶者や子どもや友人など、近しい間柄の人であればなおさらである。同一化は共感の基本的前提であり、マウスでさえ同じケージで飼われている仲間に対してしか痛みの伝染を見せないのである（De Waal 2009=2010 :79,117）。

ただ人間は、血縁以外でも協力することがある。人間は時間をかけて成長し、成年に達するまでの長い期間を他者に依存しなければならない。そのため、血縁関係にない個体が協力して子どもを育て食事を与えることから大きな利益が生み出される。結果として、食物の供給、子どもの養育、非協力者への制裁、敵対する隣人たちからの防衛、正しい情報共有といった協力的な戦略を維持できた集団の成員たちは、互いに協力し合わない集団の成員たちに比べて、非常に優位な立場に立つことができた（Bowles and Gintis 2011=2017:11）。

（3）利他行動と自己家畜化

人間の社会は利他行動をもとにして成り立ってもいる。こうした行動なしには、人間の社会は血縁集団を超えるような大きな集団を形成できなかった。あるいはその逆で、大きな集団を形成したからこそ、利他行動が必要になったとも言える（小田二〇一一：四二）。

近年の研究において、人間の様々な利他行動が報告されている（Bowles 2016=2017: iv,38）。二歳未満の子どもが手の届かないところにある物をとろうとする大人を見て、見返りがなくても夢中で手助けしようとすることが確認された。だが、大人の手助けをすることで見返りを得られるとわかっている場合では、子どもたちが手助けをする比率は四〇％も低下したのである。他のある実験でも、協力者を裏切ることによって大きな物質的利得を得ることよりも、相互協力をほとんどの被験者が選好した。また、他者のためにお金を使うほど幸せを感じるという研究結果もあり（川合二〇一五：一八二）、人間は与えることに喜びを感じる動物なのである。

そもそも、人間が凶暴な生き物であるなら、お互いに殺し合って、もはや人間という生き物は絶滅していてもおかしくはない。すでに滅んでしまった人類の祖先の中にはそのような種の人類がいたかもしれない。かつての人間は、極端に暴力的な人を自分たちの社会から放逐《ほうちく》してきたのかもしれない。攻撃性の高い人は子孫を残すことができず、攻撃性が低い穏やかな人たちのみ子孫を残すことができた。その結果、攻撃性の高い人は減少していった。これが自己家畜化仮説であり、自分たちを家畜のようにおとなしく品種改良してきたのである。

人間は排除されることを嫌う動物でもある。人間は食物や内集団のメンバーを略奪しようとするよそ者を排除してきた。家族が協力して子育てをするので、家族からの協力が得られなくなると子どもを育てることが難しくなる。そのため、集団から排除されることを恐れるようになった。このことは、人間が他者から排除されることにどれほど傷つくかということを示している（川合二〇一五：一〇九―一一〇、一二九―一三〇）。

また、人間は集団生活をする相互依存度の高い霊長類の末裔《まつえい》でもある。私たちは他人に頼ることなしに生きてはいけないのである（De Waal 2009=2010:37）。

このように、人間は共同、協力、共感し、利他的行動を好み、それゆえ現在まで繁栄してきた。また人間は、他者に頼り、他者の苦しみを辛《つら》く感じる動物なのである。これらの特徴は平和をもたらすために重要な指標となろう。その利他的行動を単なる内集団ではなく、世界や惑星、宇宙にまで広げられるのかが、今後の課題であろう。

章のまとめ

ビッグヒストリーのような長期的視点で戦争を見ていくと新たな知見が得られる。しかし一般的な戦争の定義として、政治集団間の武器を用いた組織的暴力とすることに大きな問題はないであろう。

暴力の起源として、類人猿などの動物の行動を見てきたが、攻撃は動物一般に見られる行動であるのに対して、同一種間の暴力は主として人間に見られる文化的行動であった。類人猿は戦争をしないが人間は行うので、類人猿と人間の相違点に戦争の原因の一端が見られる。脳の進化や高度な社会性が戦争の原因の媒介をしている可能性がある。また、言語の使用により抽象的思考が養われ、それに社会性が融合され、想像の共同体をつくるようになり、自己の生物的サバイバルのみでなく、集団的要請で戦うようになった。

戦争原因を人間の本能に求めることは、セビリア声明でも否定された。もし本能により戦争が起こるのならば、戦争は人間の宿命であり、平和への努力は無意味になってしまう。

そもそも戦争とは集団的な争いのことであり、個人間の争いは戦争とはいえない。さらに個人間の争いにおいても本能のみで争うのではない。初期人類や現在のいわゆる社会が未分化な地域に戦争を経験していない集団があるのは、そのことを示唆している。

人間は共同、協力、利他を好み、だからこそ現在まで存在し繁栄してきたのである。戦争の原因を見つけ出し、それを取り除き、繁栄してきた様々な要因をもう一度見つめ直す必要があろう。

第二章　狩猟採集から農耕牧畜へ

はじめに

本章では、まず近年の戦争についての論争を見た後、特に戦争の起源と人類の平和志向性についての論争を分析する。次に狩猟採集社会から農耕牧畜社会へ移行する際の排他的な線引き志向や系譜意識、政治権力の誕生などが戦争の原因に関係していることを考察する。

一　近年の戦争論争

（1）戦争の起源と平和志向性

近年、戦争の起源や人類の平和志向性について議論されている。欧米の研究者を中心に、戦争の起源を農耕牧畜社会以前にさかのぼり、過去の狩猟採集社会や現在の未開地域に住む狩猟採集民もかなりの程度戦争をしていたと指摘している。また人類は、過去から現在まで次第に平和志向が強くなり、戦争や暴力が減少してきていると述べている。

戦略研究者のアザー・ガットは次のように主張する。「歴史的に観察できる狩猟採集民社会が存在した地域では、男性間における暴力が原因の死亡率は、二五パーセント程度であったようである。（中略）暴力が原因のこうした水準の死亡率は、国家社会で記録された暴力が原因の死亡率と比較して極めて高く、最も破壊的な国家間の戦争における死亡率に迫るほどの高さだ（Gat 2006=2012: 下 432）」。このように男性間かつ暴力の死亡率なので、国家の戦争における死亡率と単純に比較できないが、ガットはさらに次のように述べる。「第一次世界大戦では、フランスとドイツの両国で、およそ約三パーセントの人口が死亡したが、これは成人男性のおよそ一五パーセントに当たる。第二次世界大戦では、ソ連では一五パーセント以上の人口が死亡し、ドイツでは約五パーセントが死亡した。しかし、時代を超えて平均値を取ると、これらの大変動による恐ろしい数字でさえも、未開社会の死亡率よりも低いのである（Gat 2006=2012: 上 190）」。

心理学者のスティーブン・ピンカーも同様に次のような主張をする。国家の出現以前の狩猟採集民の暴力死の平均値は一五%である。また、現在の狩猟採集民の戦闘による死亡率の平均は一四%である。それに比べて、二十世紀に暴力死した人の数は総死者数の三%にしかならないのである。このように文明社会の人間が暴力死を被る確率は、狩猟採集社会の約五分の一にすぎないのである（Pinker 2011=2015: 上 110-114）。

ピンカーによれば、「二十世紀は歴史上、最も血なまぐさい世紀だった」という言葉は、無神論からダーウィン、政府、科学、資本主義、共産主義、進歩の思想、はては男という性まで、実に多岐にわたる悪役を非難する時の決まり文句のように使われてきた。その要因として二つの錯覚があるとする。第一に、二十世紀はそれ以前に比べて暴力による死者が多かったのは確かだが、人口も多かったからである。第二に、現在から見て近い時代ほど事実を詳細に知ることができるという歴史的近視眼によるものである（Pinker 2011=2015: 上 355）。

歴史学者のユヴァル・ノア・ハラリも同様に、戦争と犯罪を合わせても暴力による死の割合の世界平均は現在、一・五％にしかならないと主張する（Harari 2011=2016: 上 83）。さらにハラリはインタビューに答える中で、歴史的に見てほとんどの時代の死因の一〇％が人間による暴力だった。今日では一％程度であり、私たちは人類史上、一番平和な時代に生きていると述べている（ハラリ二〇一七：三二）。ピンカーも、長い歳月の間に人間の暴力は減少し、人類が地上に出現して以来、最も平和な時代に暮らしていると主張する（Pinker 2011=2015: 上 11）。その根拠として、寿命、健康、豊かさ、平和、安全、自由、知識、人権、男女平等、知性の全てにわたって、以前よりも良好な状態になったことを挙げている（Pinker 2016=2016:61-63）。

（2）論争への批判

確かに人類史において、多くの人びとの努力により、以前よりも暮らしやすく平和な社会になったことは確かであろう。このことを私たちは誇ってよいであろう。ただし、比較的豊かで様々なものを享受できる恵まれた人間からの見方であることも忘れてはならない。

さらに数値化しづらい負の側面である精神疾患や環境破壊などは、以前よりも深刻になっているであろうし、戦争についても一度起きてしまうと、大きな破局になる恐れがある（Pinker 2016=2016:106,112,158-159）。単に戦死者数の割合や戦争の頻度では、その平和の程度を判断できないであろう。また七十億人の一％と十人の一％を同様な価値と見てもよいのだろうか。さらに現在の社会では暴力や戦争が制限され、平和がルール化されているにもかかわらず、戦争が起こってしまうことをどう考えればよいのであろうか。以前は弱肉強食の暴力が比較的自由に行使できる社会であったということを考えれば、現在の戦争の発生のほうがむしろ問題を多くはらんでいるだろう。

これらに付け加えて、ピンカー、ガット、ハラリはともにユダヤ系(1)（Pinker 2011=2015: 上 646, Gat 2006=2012: 上 19, ハラリ二〇一七：一三〇）であるということも、ある種のイデオロギー性を多少なりとも感じざるを得ない。三人は歴史を楽観的に捉え、単純に平和になってきているとまでは主張していないが、イスラエルの様々な国際法違反については、管見《かんけん》の限り言及していない。(2) もちろん全てのユダヤ系の学者がそうではないが、現実の目の前の戦争には論及せず、歴史を中心に論じている。イスラエルの政策への現状肯定、現状追認とも受け取られても致し方ないであろう。歴史は正しい方向に行っており、ガザ地区への攻撃などイスラエルの対パレスティナ政策も正当化しているのであろうか。

これらの論者の議論の中で、定義の曖昧《あいまい》さも指摘できよう。戦争による死と暴力による死（犯罪による死なども含まれる）の割合は当然後者のほうが多くなる。論者により定義がやや異なるので、単純な比較は問題であろう。

ピンカーに対して、平和研究者の遠藤誠治は、次のように批判を加える。狩猟採集社会の暴力性を過度に強調している。啓蒙思想の肯定面のみに着目し、それに内在する暴力性を看過している。国家の自国民に対する暴力性を軽視している。現代の内戦や脆弱《ぜいじゃく》国家における暴力を軽視している（遠藤二〇一八：一二）。また、哲学者のマルクス・ガブリエルも、ピンカーは万事順調であるかのように書いているが、現実はその反対である、と批判する。人口過剰、核兵器、気候変動による自然災害など、どれをとっても、人類は自らを滅ぼすような道を歩んでいる。進歩や産業化、科学化を指標とするモダニティーが人類の自滅を引き起こす可能性がある（ガブリエル二〇二〇：六〇―六二）。

(3) 論争の課題

近年、日本人の考古学者の中からも、批判が出てきている。ピンカーらが主張するように狩猟採集社会から現在まで次第に戦争は減ったのではなく、弥生時代もしくは古墳時代くらいから戦争が増大したとの反論である。

考古学者の角南聡一郎によると、殺傷痕のある人骨は全てが戦争や戦いの所産ではなく、儀礼などの他の要因による可能性を指摘している。さらに弥生時代ではなく、古墳時代中期に戦争の名に値する本格的な武力衝突があったとの見解を提示した（角南二〇一五：一八八、二〇〇）。

考古学者の藤原哲によると、人類は出現期より集団的な暴力は行っていたが、戦争はやっていなかった。旧石器時代から縄文時代までは、戦争を示す考古学的証拠は、全くないか、非常に少ないのである。その後の時代を三つの画期に分けると、第一は、対人殺傷道具としての武器が出現した弥生時代である。第二は、日本列島各地に鉄製武器が副葬される首長墓が形成され、軍事的な階層が広域に成立した弥生時代後期後半の時期である。第三は、いまだ点と線の関係ながら、列島初の広域な軍事組織が形成されていた古墳時代中期である。藤原によれば、この第三の時期に国家と戦争とが発生したのである（藤原二〇一八：二九五、二九六）。

このように、最近の考古学の研究では、日本史においては、狩猟採集時代まではさかのぼることはできず、もっと後の古墳時代以降から戦争の形跡が見られるとしている。

考古学者の松本直子は、さらにこれら欧米の論者へ直接批判を投げかけている。戦争と暴力が明確に分けられていない概念規定の問題を指摘している。戦争では、殺す人と殺される人の間に直接的な利害関係や怨恨《えんこん》が存在しなくても、ただ相手が敵対する集団のメンバーであるというだけで殺すべき対象となるのである。そこに必要なのは個人的な暴力性や残虐性ではなく、人を帰属意識によって明確に区分し、それによって全く異なる対応をとることを是とする独特の認知システムである。戦争は多数の殺傷を伴うような集団間の武力衝突であり、個人的な殺人や暴力と分けて考えなくてはならない（松本二〇一七：一六四―一六五）。

第二に、扱っているデータの問題について論及し、それへの反証として日本の考古学的データを提示している。これらの論者、特にピンカーが依拠した経済学者のサミュエル・ボウルズのデータは、悪く言えばつまみ食い的であり、サンプル数としても三千体程度とそれほど多くなく、言語的障壁のため、英語で資料がほとんど公表されていない東アジアのデータはすっぽりと抜けているのである。ボウルズは民族誌及び考古学的資料を集め、戦争による死亡率を計算したとしている。しかし資料の地域も時期も様々で、西暦一三二五年というかなり新しい資料も入っており、遺跡ごとの人骨数や受傷頻度のばらつきも大きいのである。

松本によれば、縄文時代早期から晩期まで合計二千五百七十六体の人骨データから、暴力による受傷例は二十三体で、母数を成人の千二百七十五体に限定しても一・八％のみであった。子どもが殺されることが戦争の一つの重要な証拠であるが、(3) 縄文時代の受傷人骨の中に子どもは含まれていない。この結果は、まれに殺人はあっても、集団間の戦争があった可能性は極めて低いことを示している。弥生時代の早期から後期までおよそ千年間にわたる三千二百九十八体のうち、受傷人骨は百体、比率にして約三％である（松本二〇一七：一六七—一六九）。より時代が下った弥生時代にしても、ピンカーの国家出現以前の狩猟採集民の暴力死の平均値一五％と比べて、約五倍も低いのである。

松本によれば、人が戦争を始めるのは基本的に約一万年前より後の時代であり、農耕に伴う生活様式の変化と人口増加が始まる時期と一致している。これまでは、農耕によって人口が増加すると土地や水をめぐる争いが起きるという経済学的視点や、人口増加と余剰生産物の蓄積によって社会の階層化が進むことが要因となるという社会的視点からの説明がなされてきた。それに付け加えて、さらに文化的制度が必要になる。戦争になると、自集団の人は殺してはいけないが、敵対集団の人を殺すのは良いこととなる。それは人類にとって新しい文化的な価値の枠組みに則《のっと》って行われるものであり、明確な集団への帰属意識の発生が戦争を生み出す文化的要因となる。わが身を犠牲にしても、自分が属する集団に尽くす「利他的な」行動が、戦争を生み出す個人レベルのメカニズムである（松本二〇一七：一七三―一七四）。

このように、より細かな検証によれば、戦争は狩猟採集社会から農耕牧畜社会への移行期、つまり約一万年前から見られる現象であり、日本史においては弥生時代以降から戦争が発生したと捉えるのが妥当であろう。

二　農耕牧畜と戦争

（1）農耕牧畜の開始と戦争の原因

農耕牧畜が確認されるのは、約一万年前の旧石器時代の末期である。紀元前六千年頃、乾燥農業がメソポタミアの丘陵地帯で発展した。一定の土地を領有し農作物の収穫を確実にする技術の発見と習得がやがて人口を増大させ、町の発展を促し文明を発展させ、このために略奪の対象が新たに生じ、その潜在的脅威が生じた（森一九八九：一四）。家族を形成するとともに、共同して食物を獲得するために分業を行うという社会が、人間社会の第一歩であり、この社会構造が農耕生活を可能にするための必須の条件であった。この農耕牧畜は人類が最初に経験した産業社会で、食料生産革命と呼ばれ、自然に制約される不安定な生活から、穀物の貯蔵や家畜の飼育に支えられた定住生活に入った。ここから私有財産の観念が生まれ、貧富の差が生じ、やがて政治権力を司《つかさど》る支配階級が発生するのである（Smith 1976=1986）。

また農耕牧畜により、新しいエネルギーの流れへ間接的にアクセスできるようにもなった。人間は草を直接食べることはできないが、牛や馬はできる。それらの動物に草を食《は》ませ、人を乗せたり荷物を引いたりさせ、あるいは殺して食べることもできる。牛や馬は人間の十倍もの仕事ができるのである（Christian 2018=2019:233）。

農耕生活は社会的剰余を生み出した最初の生活様式であった。その農耕生活が、人間社会をして他の動物社会とは決定的に異なる発展の道に進ませたのは、生産された社会的剰余の管理、所有と分配のための社会構造をつくり上げたからである。貧富の格差により社会的ストレスが高まり、それが戦争に結びつき、さらに政治権力を強めるために戦争に訴え、政治権力がより強化されるのである。

このように農耕社会に内在する諸要素が戦争の原因の一つとなっているということを強調する論者は多い。考古学者の松木武彦によれば、耕地は血と汗の結晶であり、命をつないでくれる食料のみなもとだから、それを守る意識は、狩りや採集の社会のテリトリーを守る気持ちよりも何倍も真剣で強烈なものになるはずである。つまり、耕地のような明確な不動産が現れたことが、人びとの排他的な防衛意識を強め、争いを激しくさせた原因となったに違いない（松木二〇〇一：一六）。

また、文化人類学者の福井勝義によれば、農耕牧畜社会では、特定の土地にしばられるようになり、狩猟採集社会より定着性が増していくと同時に、なわばり意識が固定化し、土地が特定の集団の間で排他的に継承されていくようになる。それと並行して系譜意識が発達し、血縁原理などをもとに強固な集団が形成されるようになる。なわばり意識が顕在化し、土地が排他的に継承される社会になると、異なる集団間で組織的な戦争が行われやすくなるのである（福井一九九九：一六六―一六七）。

一万年前から始まる農耕牧畜によって、生産量が上がり、貧富の差が生じ、分配のための政治権力も誕生した。この政治権力と戦争の関係も密接であり、両者は相互に強化し合った。農耕牧畜により、以前よりもテリトリー意識は強くなり、排他的な領域意識も生まれ、それが戦争に拡大することとなった。

(2) 定住化と戦争の原因

このように、農耕と密接に関係する定住化にも戦争の原因が隠されているようである。人類は出現してから数百万年は定住することなく暮らしてきた。大きな社会をつくることもなく、希薄な人口を維持し、したがって環境が荒廃することも、屎尿《しにょう》やゴミなどの汚物にまみれることもなく生き続けてきた。しかし約一万年前から定住革命が進み、人類の社会は、逃げる社会から逃げない社会へ、あるいは逃げられる社会から逃げられない社会へと、生き方の基本戦略を変えた(西田二〇〇七:一三)。

定住生活が出現する背景に、氷河期から後氷期にかけて起こった気候変動とそれに伴う動植物環境の大きな変化が重要な要因となったことは、定住生活がこの時期の中緯度地域に、ほぼ時を合わせたかのように出現していることからも明らかなことである。中緯度地域に温帯森林環境が拡大し、氷河期の大型獣が姿を消し、シカやイノシシなどの小型獣しかいなくなり、しかも障害物の多い森の中では見つけにくくなる。森の拡大によって狩猟が不調になれば、植物性食料か魚類への依存を深める以外に生きる道がなくなり、次第に定住化が進んだようである。地球的規模の環境変動によって始まったこの一連の出来事は、人類社会における技術や社会組織、あるいは自然や時間に対する認識、観念的世界までも巻き込む大きな変化を引き起こした。まさに人類史の流れを変える革命的な出来事であった（西田二〇〇七：四四―五三）。

このような人類史における大きな革命であった定住化は、戦争の発生にも影響しているのだろう。定住化によってなわばり意識が芽生え、テリトリーを排他的に系譜する必要が出てくる。様々なものから逃げることができなくなり、ストレスや葛藤、紛争が生じることとなった。移住する採集民の集団は、他の集団との関係が危うくなると敵からすばやく離れることによって「戦争に近い」緊張状態を解消できるのであったが、この平和な選択を定住は取り去ってしまったのである（佐原二〇〇五：一五二）。このように農耕や定住によりテリトリー意識や排他的系譜意識が高揚し、他集団との摩擦《まさつ》が生じて、しばしば戦争の原因となったのである。

（3）戦争の証拠

考古学の研究において、農耕・定住の時期と戦争の発生とがかなり密接に関連していることが示されている。この時期に戦争の考古学的証拠となるものが出土しているからである。それは次の六つである。第一は武器で、人を殺すために専用につくられた道具とそれから身を守る防具である。第二は守りの施設で、堀、土塁《どるい》、バリケードなどをめぐらした集落や都市である。第三は、武器によって殺されたり、傷つけられたりした人の遺骸である。第四は武器をそなえた墓で、戦士の身分や階層があった証《あか》しで、その社会で戦争が日常化していたことの反映である。第五は武器崇拝で、戦う社会ならではの現象である。第六は戦争を表した芸術作品である（佐原二〇〇五：一五二、松木二〇〇一：一〇―一二）。

この中で、人骨以外は、ただ単に戦っていたことのしるしではなく、戦争が組織化され、それに対する備えがなされ、その社会で戦争が認知された政治的行為にまで発展していたことを示すものである。これらの戦争の証拠は、世界の多くの地域で、農耕社会が成立した後に現れる。日本列島においては、弥生時代に入ってから、こうした戦争の証拠が現れる。この点から、農耕に基づく生産システムや生活スタイルが成立することが、社会の中で認知された組織的な闘争としての戦争が現れるための条件となったのであろう（松木二〇〇一：一二―一三）。

これまで見てきたように、戦争の様々な考古学的証拠は農耕社会成立、日本史においては弥生時代以降に見られるのであり、戦争発生もそれ以降と考えられる。

章のまとめ

近年の戦争に関する論争は、様々な示唆を与えてくれる刺激に富《と》むものである。まだ論争に決着はついていないが、ピンカーらの論者の概念規定の甘さ、資料の偏り、イスラエルの政策への黙認というイデオロギー性は指摘できよう。人類はその努力により平和に向けて大きな進歩を遂げたことは事実だが、負の側面も見なくてはならないだろう。

人類は狩猟採集社会から農耕牧畜社会に進み、定住生活をし始めるようになる。やがて剰余物が生じ、貧富の差が生まれ、権力関係が成立する。農耕や定住の開始により、私有の観念や政治権力が発生し、排他的なテリトリー意識が生まれた。考古学の研究によれば、農耕・定住化の歴史と戦争は密接な関係があり、この時期より戦争の考古学的証拠が出土している。基本的に戦争は、農耕牧畜が始まった約一万年前からの現象であり、日本史で言えば弥生時代以降である。

第三章　国家及び国民国家の成立

はじめに

本章では、まず国家そのものの暴力性の中に、戦争原因の一端が隠されていることを述べ、次に、国民国家に内包する暴力性を考察する。

最初に、国家の役割と機能を見た上で、国家の定義の矛盾を指摘し、国家と暴力の密接な関係や国家が所与のものではないことを説明する。

次に、暴力の集中によって、国民国家が形成されたことを見ていき、伝統的国家と国民国家の相違点を述べる。国民国家における主権は、国家や国民を内と外に分ける線引きの論理であり、内＝安全、外＝危険という安全保障概念により、対立が助長された。ナショナリズムは信条価値であり、戦争が単なる物や土地をめぐる争いではなく、イデオロギーによる殲滅戦《せんめつせん》となった。このように国民国家において、主権の概念による明確な領域性、ナショナリズムによる強い凝集力、また軍事技術の進歩などにより、戦争が激烈になったのである。

一　国家と戦争

(1) 国家の機能

集団がより緊密になり、より強制力を増したのが国家である。したがって国家と戦争の関係は、農耕牧畜社会と戦争の関係よりも、さらに深く密接になると考えられる。

国家の機能は様々あるが、大きく分けて二つある。対内的には紛争の解決と社会秩序の維持であり、対外的には外敵からの防衛である。このような機能を実行するために、権力、特に軍事力や警察力などの物理的強制力が与えられているのである(青井一九八七：一五二)。

したがって物理的強制力や暴力装置を有する国家が、暴力や戦争を行う主体となり、国家と戦争の関係が密接になることは当然であろう。つまり国家の存在そのものが、ある意味で戦争の一つの原因になっているのである。

政治学者の太田一男によれば、国家は法律を制定し、官僚組織を形成し、裁判所を設け、警察や軍隊を組織し、各種行政組織を通して国民を管理し、支配し、秩序を維持する。そうした秩序維持の中枢にあって機能しているのが、他ならない最高の物理的強制装置たる軍隊である。国家が国家たるゆえんは、国家が武器を独占し、最高の物理的強制手段たる軍隊を占有していることであり、そこに国家権力の権力性の担保がある（太田一九七八：二三）。

このように、正当な暴力行使を独占し、暴力を最終的手段として行使するという点で、国家は他のあらゆる社会集団や組織とは区別される（佐藤二〇一四：一四）。国家の強制装置である軍や警察そのものが自己目的化し、国民ではなく国家機構や軍を守るために、暴力を内外に行使する傾向が国家にはある。物理的強制手段としての軍や国家の暴力性そのものを根源的に問う必要があろう。

（2）国家と暴力の関係

この国家と暴力の関係については、多くの論者が指摘している。古典的なマックス・ウェーバーの国家の定義によれば、国家とは、ある一定の領域の内部で正当な物理的暴力行使の独占を要求する人間共同体である（Weber 1919=1980:9）。

まず「正当な暴力」という表現について、この表現はその言葉自体が一つの矛盾であり、論理的には不可能な表現であると、政治学者のダグラス・ラミスは指摘する（ラミス二〇〇〇：一六六）。『広辞苑』によれば、「暴力」は「乱暴な力、無法な力」と定義されている。これらの表現は、力の不当な使用を明瞭に意味している。したがってウェーバーの定義は「正当な不当性」と語っているのである。このことはむしろ、ウェーバーの定義の問題というより、国家そのものに内包する矛盾、暴力を求心力にして構築された国家の存在そのものの問題を指摘しなくてはならないだろう。

国家はそれ自体が合法的に暴力主体であると当時に、どの暴力が合法であり非合法であるかを決定できる権限を持っているのである（佐藤二〇一四：三四）。

国家の正当な暴力には、警察権、刑罰権、他国との交戦権の三つが存在する。交戦権は、戦時中、兵士たちが人びとを殺し、傷つけ、捕らえ、所有物を破壊する権利である。交戦権を権利と呼ぶことは奇妙に聞こえるかもしれないが、兵士から見れば極めて重要な権利である。つまり交戦権は戦争を可能にするものである。兵士が外国に行って人びとを殺すことを自分の政府に命じられた後、殺人のために逮捕されてしまうのなら、誰がそのような労働条件の下で、戦場に行くであろうか（ラミス二〇〇〇：一六七―一六八）。

このような様々な強権を国家に付与し、国家の暴力が正当であると信じるようになった。この暴力が世界を安全に住める場所にするといわれている。国家による安全保障がなくなればどうなるかわからないという恐怖心を植え付けた。このことはトマス・ホッブズ以来の現実主義的政治観の中で言われ続けてきたことであり、国家がなければ、人類は万人の万人に対する闘争という自然状態の中に陥《おちい》ってしまうとされた。私たちが国家に排他的な暴力行使権を許すならば、国家は私たちを守るためにこれを使用する。国家は私たちを外国から守るために交戦権を行使し、私たちをお互いから守るために警察権力と司法権力を行使する。これこそが近代国家を生み出した社会契約の一側面であろう。

しかし、本当に国家は自国民を守ることに成功したのであろうか。二十世紀の歴史を見れば、成功したとは言えないであろう。二十世紀において、人類史上最もたくさんの人が暴力による非業の死を遂げた。また、国家こそが大量殺人犯であり、さらに殺した多くの人びとは自国の市民でもあったのである（ラミス二〇〇〇：一六九―一七六）。

国家は暴力を独占する傾向が強く、物理的暴力により権力が担保されている。国家の暴力装置により安全が保障されているといわれているが、むしろ国民の安全が脅《おびや》かされ、戦争に結びつくことも歴史上多く見られたのである。

（3）所与としての国家の問題

現代の私たちは、国家が今日の私たちの生活の多くの側面に影響を及ぼしているので、国家を所与のものとして考えている。しかし人類の歴史では、ほとんどの期間を通して国家は存在しなかった。狩猟採集社会や小規模の農耕社会には、単独の政治的権威は存在しなかった。だが、そうした国家なき社会は無秩序状態に陥ったわけではなかった。それらの社会には、共同体を左右する意思決定を方向づけ、紛争を処理するためのインフォーマルな統治機構が働いていた。意思決定は普通、家族集団内で行われており、かりに同一バンド（小集団）に居住する親族集団同士が根本的に意見の食い違いを見せた場合、そうした親族集団は別々の単位へと分裂し、その後、他の親族集団と再結合していった（Giddens 1989=1992:294）。

このように国家のみに人びとの共同性を担保させる必然性はないのである（今西二〇〇〇：一二七）。様々な枠組みが共同性を調達し、重層的なアイデンティティーを認めることが重要であろう。また、政治学において、国家を自己完結的な政治世界と見なし、領域で囲まれた政治共同体を前提としたので、国家を相対化できずにいる（高橋二〇〇五：一三六）。

人類は国家なしでも長い期間生きてきたが、国家の出現は人類史の中で、大きな転換を画するものであった。現代ではその国家が多くの面で機能不全に陥っている。評論家の加藤周一は、国家という政治的、経済的、文化的単位が、時代遅れになりつつあると主張している。国家は、経済的単位としては小さすぎ、文化的単位としては大きすぎる。それにもかかわらず政治だけが国家単位で行われているということに、今日の最大の問題があるに違いない（加藤一九九二）。

確かに、国家の出現により社会が大きく強固になり、生産力も上がった。しかし、国家が強大になったため、私たちは国家を所与のものと考えがちである。国家も時代的・地域的拘束性を帯びた社会の一形態なのであり、過去から未来へ永遠に持続するものではない。さらに現在の国家

の枠組みそのものにより諸問題が生じていることから、新たな共同体を展望する時期に来ている
のであろう。

二　国民国家と戦争

(1) 暴力の集中と国民国家

暴力の集中による権力機構の整備が、近代の国民国家において初めて完成した。つまり政治権力は国民国家の成立とともに最も明確な姿を現したのである。古代や中世社会において、暴力は武士や騎士、封建諸侯の間に分散し、そもそも封建社会が確立する前は、農民たちも武器を持って自衛していた。しかし近代に入り、刀狩り、廃刀令を契機とする中央集権権力への暴力の集中が、世界の多くの国家においても起こったのである。傭兵《ようへい》、やがては徴兵制による中央政府の軍隊が創設され、政治権力の物理的基盤となる。鉄砲を中心とする兵器の近代化が、この過程に拍車をかけた(高畠一九七六：五七)。

近代における主権国家体制が成立する前は、あらゆる暴力集団が戦争の主体になり得た。近代以後は、主権を持つものとして承認された暴力組織のみが戦争遂行のアクター（当事者）になることができるようになった（萱野二〇〇五：一七九、一八二）。近代国家は内外から生じる諸暴力を抑え込むための合法化された暴力を保持しており、まさに暴力性を内包した存在なのである（小林二〇一一：六二―六三）。

近代において国民国家が形成されたことにより、さらに戦争との関係は深いものとなる。クインシー・ライトは戦争が問題となってきた理由として、世界の縮小、科学の進歩や発明による歴史の加速化、軍事的発明の進展、民主主義の台頭の四つを挙げている（Wright 1983:4）。これらはどれも近代の産物であり、国民国家のもとで進行した。したがって、戦争が問題となった主要因を国民国家との関係の中に見いだすことができるのである。

（2）国民国家の特徴

国民国家は特定の領土において主権を主張し、厳格な法典を有し、軍隊による統制に支えられた統治装置を伴っている。国民国家の主要な特徴の中には、伝統的国家の特徴とはむしろ際立った対照をなすものがある。以下、伝統的国家と国民国家の相違点を三点にわたって述べる。

第一に、伝統的国家が支配した領土の境界は、多くの場合明確に定められていないため、中央政府の及ぼす統制の度合いは極めて弱かった。しかし国民国家では、政府が明確な境界によって区画された地域に対して支配権を有し、その境界内で最高権力となる主権の観念が誕生した。これが伝統的国家と国民国家との違いの第一点である（Giddens 1989=1992:295-296）。

この国民国家の領域性について、社会思想研究者の上野成利によれば、一定の境界線で囲まれた均質な領域性という想定は、近代政治を根底で支える要石《かなめいし》の一つである。そうした均質な領域性を確立・維持すべく、内部と外部とを区別する包括・排除の暴力が近代世界において繰り返し行使されてきたのであった。境界線が引かれるところに常に近代性の暴力は発動してきたのであり、その意味で領域性はそうした暴力を可能にする不可欠の条件として機能してきたのである（上野二〇〇六：三二）。

第二に、伝統的国家では住民のほとんどは、自分たちを統治する国王や皇帝についてあまり気にも留めず、関心を持たなかった。普通は支配階級やかなり裕福な集団だけが、国王や皇帝の支配を受ける人たちが形づくる共同体に対し、共属感情を抱いていたにすぎなかった。対照的に国民国家では、その政治システムの領土内に住む人たちのほとんどが、共通の権利と義務を有する市民であり、また自分が国民の一人であることを認識しているのである。

第三に、第二とも関連するが、国民国家がナショナリズムの勃興《ぼっこう》と関係していることである。人はおそらく、家族や氏族、宗教集団など様々な種類の社会集団に、なんらかのアイデンティティーを抱いてきた。しかしながら、ナショナリズムは近代国家の発達によって出現したのである。ナショナリズムは、明らかに他と異なる共同体に対するアイデンティティーの感情の表出なのである（Giddens 1989=1992:295-296）。

伝統的国家と国民国家の相違点は、このように明確な境界による主権、共属感情及びナショナリズムに求めることができるであろう。これらは戦争と深く結びつき、戦争を引き起こすものとなり、場合により戦争の激烈さを増大させる要因にもなっているのである。

（3）国民国家の形成

主権の概念とナショナリズムを有する国民国家は、どのようにしてできたのか。政治学者の福田歓一によれば、まず絶対主義時代に国民国家の外枠であるステイトが成立した。それは権力、支配機構としての国家であり、国家を超える上位の権力を否定した主権の概念によって成り立っていた。主権を国内においても国外においても認めさせ、円滑に行使し、反対する者には強制力を働かせるための手段として常備軍と官僚制を国家は有していた。

このような主権国家としての外枠を有するステイトが絶対主義時代に誕生した。次に市民革命の時代に、国家の内実としてのナショナリズムが台頭しネイションが付与され、ここにネイション・ステイトつまり国民国家が成立することになる。ナショナリズムの高揚は、自分が国民の一員であるとの意識をもたらし、国民意識、国家への忠誠心が生まれた（福田一九八八a、福田一九八八b）。だがこのような歴史的経緯通りに一元的に国民国家が構成されることはまれであり、単なる一つのモデルと言えよう。そもそも一民族一国家は存在せず、最初の国民国家といわれるフランスでさえ、二十世紀になってもフランス語がわからない人びとがいたのである。

国民国家における内と外を分ける主権概念に裏打ちされた線引きの論理は、内＝安全、外＝危険という安全保障概念とも密接である。そもそも安全保障概念は私たちの不安を前提としている。すなわちそれは、国際関係においては友・敵論に立ち、社会関係については個人間の関係を敵対的に捉え、また諸個人の主観レベルにおいては、予見不可能な未来に対する人びとの不安・危険をかき立てることによって成立し、維持されてきた支配的な政治観である。今までの政治観は、国家による暴力の独占を、自然状態＝戦争状態と考えることで正当化し続けてきた。そのような政治観は何世紀もかけて執拗《しつよう》に、私たちの不安や恐怖を取り除いているように見せかけ、また国家による安全保障がなくなるならば、どうなるかわかっているか、というメッセージを送り続けていたのである（岡野二〇〇七：二一五—二三五）。

（4）ナショナリズムと国民国家

ナショナリズムについてさらに考察すると、ナショナリズムは、人間に本来あるような所与のものではなく、歴史的、地域的につくられた存在拘束性を帯びたものである。一般にナショナリズムは、フランス革命において発生したといわれている。フランス革命に反対する諸外国からの干渉戦争により、フランス国民としての一体感を強め、他国に対峙《たいじ》する必要から、ナショナリズムが台頭したのである。

このナショナリズムに関連して、国民国家という形態がなぜ近代政治体制において普遍的で説得的なモデルたり得たかという理由は次のように説明できよう。国民国家はその形成を通じて、住民たちを文化的に統合していくとともに、身分的な垣根を取り払うことで形式的にせよ平等主義を実現してきた。それは住民たちに、国家の暴力の実践へと身を投じるよう強要することと引き換えに、政治的なものへの平等なアクセス権を保証したのである（萱野二〇〇五：一九八）。徴兵制の強制と選挙権の付与はまさにその例であろう。

またナショナリズムは、戦争をより激烈にするという役割も果たした。ライトによれば、「文明が進歩するにつれて、戦争に訴えるための正当化は、より抽象的にまた客観的」（Wright 1983:94）になる傾向を持っている。つまり国民国家以前、特に初期人類の戦争では、食物や人間、土地などを奪うために、集団構成員のほぼ全員の要請により戦った。しかし近代以降では、宗教、民族主義、社会主義のようなイデオロギーなど、より抽象的な概念により戦う場合が多くなったのである。

生きていくために追求する必要物としての社会的価値を、生存と直接関係する生命、健康などの安全価値、生存の手段に関係する食物、金銭、エネルギー、技術などの利益価値、そして生存の目的に関係する信仰、自由、平等、文化などの信条価値に分けることができるとするならば（初瀬一九九一：七五）、ナショナリズムは信条価値的なものとすることができるであろう。別々の信条価値を持つ人びとは通常では、平和共存できるが、いったん信条価値をめぐって紛争が発生すると、全面対決にまで発展し、相手方を抹殺《まっさつ》せねばならない時も出てくる。もちろんナショナリズムがそのまま信条価値となるわけではないが、ナショナリズムや国家への忠誠心が信条価値的なものに組み込まれ、他者、他国への憎悪が駆り立てられたのである。過去の歴史に見られたように食物、土地のために戦うのではなく、憎悪やイデオロギー、自国への忠誠心により戦うようになり、戦争がより激烈になるのである。

また、国民国家における国民皆兵《かいへい》のシステムや総力戦により、本来は敵対国とされている国への憎悪や利害の不一致のない人まで、戦わねばならなくなってしまった。戦いたくも、殺されたくもない者が、国家の名のもとに動員されるようになったのである。(1)

(5) 社会状態としての戦争

このような国家及び国民国家と戦争との密接な関係を説いた者にジャン＝ジャック・ルソーがいる。彼は、戦争は国家によって発生すると言う。人は自然のままでは決して敵ではない。戦争が起こるのは物と物との関係からであって、人と人との関係からではない。戦争は人と人との関係でなくて、国家と国家の関係なのであり、そこにおいて個人は、人間としてではなく、市民としてでさえなく、ただ兵士として偶然にも敵となる。祖国を構成する者としてでなく祖国を守る者として敵となるのである（Rousseau 1762=1954:22-24）。

ホッブズにとって自然状態が戦争状態であったのに対して、ルソーは自然状態を平和状態と見なし、社会状態を戦争状態と見ていた。ルソーは、人間は本来の性質上平和を好むので、人間と人間との間に全般的な戦争は存在せず、国家相互の間で起こると考えていた（松本一九九二：七四―七五）。

このようにつくられたものとしての戦争は、国民国家において激烈になった。それに伴い、国民国家体制下において、軍隊の発砲率も上昇してきた。本来人間は平和を好み、同類である人間を殺すことに抵抗感があるので、第一次大戦における米兵の発砲率は一五から二〇％だった。まさに人間は戦場において、良心的兵役拒否者になったのである。しかし軍隊は躊躇《ちゅうちょ》なく敵兵を殺せる殺人マシンを養成するようになる。射撃目標を人型にして実践で人間を殺すことに抵抗感をなくさせ、また相手が人間以下であるとの洗脳をすることにより殺人への心理的距離をなくさせ、武器を高度化することにより殺人現場を見せなくさせて物理的距離を増大させた。これらのことにより、ベトナム戦争では発砲率は九〇から九五％に上昇したのである（Grossman

1995=2004:41,61,77,390)。

章のまとめ

国家は、農耕社会よりも緊密性や強制性が強化されており、戦争との関係も密接になっている。国家を所与のものと考えることを相対化し、国家以外の様々な社会の可能性を展望しながら、国家そのものの暴力性を再認識する必要があろう。

集団的闘争に法的にも社会的にも正当性が与えられるようになったのが、近代の国民国家である。暴力の集中による権力機構の整備が国民国家において初めて完成したのである。主権の概念により、国内においては支配が、国外においては主権の主張と境界線の膨張が進んでいった。ナショナリズムは十八世紀後半以降の現象であり、近代国民国家の所産である（Giddens 1985:116-119）。そのナショナリズムの発生により、国家への忠誠心が強まり、戦争がより激烈になった。国民皆兵により戦う意思のない者、他国への憎悪のない者まで戦わされた。さらに総力戦により国家をあげて戦争に狂奔《きょうほん》し、軍事技術の進歩により戦禍が大規模になった。このように国民国家に内包する様々な特徴が、戦争の大きな原因となっているのである。

第四章　経済的要因と非暴力

はじめに

第二次大戦までは、戦争により経済成長をする場合もあったが、現在では短期的に一部の人びとや組織が潤うこともあるが、戦争は経済成長を伴わなくなった。にもかかわらず、軍産複合体が存在し、戦争を望む勢力があることも事実であり、これが戦争をつくり出す場合もある。このように、今後の戦争の低減化に対して、経済的観点から戦争を考察することも重要であろう。

また最近の戦争では、莫大《ばくだい》な経済的負担を強《し》いられている。戦争後においても、様々な補償を行わなくてはならず、いわば戦後にも戦費はかかるのである。このような戦争に対して、以前より非暴力が叫ばれており、最近では非殺人の政治学も視野に入れられるようになってきた。

一　経済における戦争原因

(1) 戦争の経済的メリット

十九世紀から第一次大戦までの古典的帝国主義の時代には、戦争の便益はコストを上回る傾向があり、その結果、軍拡を行い戦争に勝利した国では、経済成長率が高まることが多かった。これに対して、第二次大戦後には、軍拡をすればするほど経済成長率が鈍化し、経済荒廃が進むという新現象が、いくつかの国で生まれてきた。

第二次大戦以前において、戦争が経済成長をもたらした条件として次のようなことが考えられる(藤岡二〇〇四：二一一―二一三)。第一に、戦勝国による敗戦国の領土の併合や賠償金の取り立てが自由にできた。第二に、敵との軍事技術に差があるため、短期に勝負がつき、コストがかからなかった。第三に、軍需と民需の壁が高くなく、軍事技術の成果を民需用技術に転換するのが容易にできた。第四に、不況時に戦争を始めると、軍事需要が発生するが、代金は政府が払ってくれるので焦げつかない。第五に、広範な国民の間に熱狂的愛国主義を生み出せた。

しかし現在においては、これらの経済成長をもたらす条件が当てはまらなくなりつつある。さらにこの中では、人命の破壊、精神的負担、資源・コミュニティー・文化の損失などを含む総コストは、計算外に置かれているのは言うまでもない。

経済学者のポール・ポーストも条件がそろえば、戦争は経済にとって有益だとしている。その条件としては、開戦時点での低経済成長及び開戦時点での低いリソース利用度、戦時中の巨額の継続的支出、紛争が長引かないこと、本土で戦闘が行われない戦争であること、資金調達がきちんとした戦争であることなどである。ただし、経済的に効率的な戦争となるための基準の多くを、特にベトナム戦争以降の最近の戦争は満たしていないのである（Poast 2006=2007:104）。

（2）戦争の経済的デメリット

現在、戦争が一部の指導者や国家の要請ではなく、産業界や多数の人びとの支持、特に経済的要請により行われるようになってきている。このような戦争の新たな状況を歴史家のフォルカー・ベルクハーンは、「新しい軍国主義」と定義している。彼によれば、新しい軍国主義とは、工業化を達成し終わった高度技術社会に出現するものである。その特色は圧倒的に文民的な、大量消費社会の中で作動し、押しボタンによる核兵器の抑止力に依存する文民と軍との共生関係の中に存在するものである。そこに成立するのが、軍産複合体なのである（Berghahn 1986=1991:198）。

新しい段階に入った戦争と平和の問題は、軍産複合体をもたらした。軍産複合体は、現代社会を大きく包み込む構造であり、現代の戦争の原因の一つともなっている。軍産複合体は、第三世界へ武器供与し、この地域での貧困や紛争の原因ともなっている。

政府との契約を受けられる個別企業にとっては、戦争は経済的に有利なものとなる場合もある（Poast 2006=2007:105）。短期的に、また一部の企業は戦争で潤うこともあるが、長期的に経済界全体から見れば、戦争は経済的にも大きなコストがかかるのである。

第二次大戦後には、今まで述べたように条件が変わり、戦争は当事国経済の衰退をもたらすようになった。その理由として次のようなことが考えられよう。

第一は、国際関係が変化し、内政干渉や侵略、領土の併合、賠償金の取り立てが国際的に禁止されたことである。

第二は、核軍拡のためのコストが暴騰《ぼうとう》したことである。核弾頭の運搬手段たるミサイルや戦略爆撃機、原子力潜水艦や空母、運搬手段をターゲットまで正確に誘導するための宇宙衛星や情報システムといった核兵器の付属部分の値段はどんどん高騰していったのである。一九四六〜九三年の間のアメリカの軍事支出総額は、一千五百四十兆円程度であり、軍事支出の四割弱が核軍拡関連の分野であった。一千五百四十兆円という額は、全米の製造業の工場・設備の総額に社会資本の総額を加えたものを上回っているほどである。

第三は、生産力の増強を競う時代に、軍事部門は民間に転換できないことである。生み出される軍事技術が、明治期の日本のように民需部門に伝播《でんぱ》し、民間の技術革新を促進できれば、軍事支出の資源略奪作用はその分だけ緩和されるであろう。しかし、核兵器を主軸にして宇宙空間にまで広がった軍拡は、民間には応用できないような特殊な軍事技術を過剰に発展させることになったのである。

第四は、軍拡の人間的・エコロジー的コストである。様々な核物質、核実験、劣化ウラン弾や地雷などによって、大地が汚染されたり、正常な経済活動ができなくなったりしたコスト、戦争の中で家族が解体させられたコスト、精神を病んだ人たちへの補償コストなどを含めると、軍拡と戦争の被害コストは天文学的数字となるであろう（藤岡二〇〇四：二二一—二二三）。

二　現在の戦争

（1）最近の問題

憲法学者の小林直樹によれば、現代の兵器生産の構造的パラドックスとして次のようなことが挙げられる。第一に、兵器の大量生産と蓄積は、その使用とはけ口を求める軍隊や軍需産業などの組織を刺激し、戦争への危機が高まる。第二に、兵器を大量生産する先進諸国は、兵器の改良や財政上の必要から、積極的な武器輸出政策をとるが、その多くの輸入国である発展途上国では、内戦の勃発や拡大に武器が使われやすい。第三に、兵器は人間の生活や文明の進歩に反する非生産的な浪費であり、そのために大量に資源を使うことは、私たちの子孫の生活権を侵害することになる。第四に、大量の兵器の行使はもちろん、その廃棄によっても自然環境を破壊・汚染する。第五に、最大の危険は、偶発による核戦争の勃発にあるが、兵器の改良・増産はその危険を増進させる（小林二〇一一：九五―九六）。

最近の戦争では、経済的負担は莫大な金額に上る。ノーベル経済学賞受賞者であるジョセフ・

スティグリッツは、二〇〇八年時点の著書で、アメリカに課せられるイラク戦争の経済的コストの総額は三百三十兆円としており、他の国に課せられるコストを合わせれば、総額は六百六十兆円にも達する。おそらく現時点ではそのコストはさらに増えているだろう。また、戦争が終わってもコストはさらに増え続けていく。例えば、一九九一年の湾岸戦争で戦ったアメリカの退役軍人に対して、毎年四千七百三十億円を超える補償金、恩給、障がい手当を払い続けている。湾岸戦争の障がい手当だけで、二〇〇八年の時点で、合計五兆五千億円以上も費やしている（Stiglitz and Bilmes 2008=2008:6,8）。

現在、戦争は儲からないものになっている。にもかかわらず、軍産複合体等の存在により、戦争がつくり出されている。また、戦争の経済的コストは莫大であり、国家財政をも圧迫しており、経済的観点からしても戦争の低減化が望まれているのである。

（2）軍事費の無駄

アメリカのイラクとアフガニスタンとの戦争における負担経費は今後何十年も続く。帰還兵の約五〇％は一定レベルの傷病手当を受け取る資格があり、その手当と退役軍人の医療費は百十兆円に迫るか、もしくはそれを超える可能性が高い（Stiglitz 2012=2012: 308-309）。国際政治学者の進藤榮一によれば（進藤二〇一七：一二三、一一四）、イラク戦争の戦費については最近では、九百九十兆円にも膨れ上がっているともいわれている。また軍需産業は、基本的に政府丸抱えの寡占《かせん》産業であるために、兵器価格は実質的なコストパフォーマンスを問うことなく高騰し続ける。しかも高額兵器は、同盟国向け高額プレミアム価格を上乗せし、兵器会社と政商を介して高額な兵器となり、同盟国に売り込まれていく。

日本政府はアメリカから多くの兵器を買わされており、二〇一七年に防衛省が装備品を購入した相手は、第一位がアメリカで三千八百七億円となっている。以下、第二位は三菱重工業で二千四百五十七億円、第三位は川崎重工業で一千七百三十五億円である。

ここ数年の日本のアメリカ製兵器の輸入は世界各国の中でも際立っている。二〇一〇年度は四億八千四百二十五万ドルと世界十三位だったが、二〇一七年度は三十八億三千七百十一万ドルで三位であり、八倍近くになった。一位はカタール、二位はサウジアラビア、四位はイスラエル、五位はイラクであり、日本を除くといずれも中東の紛争や衝突、覇権争いが多い国である（東京新聞社会部二〇一九：二三、二四）。

日本政府は、二〇一八年十二月に閣議決定した新しい中期防衛力整備計画を策定するにあたり、Ｆ35ＡとＦ35Ｂの計百五機を順次購入すると決めた。総額は約一兆二千億円で、背景には兵器売り込みで、対日貿易赤字を減らそうとするトランプ大統領の圧力がのぞいている。なお購入費だけではなく、維持整備費にも莫大な費用がかかる。Ｆ35Ａだけでも三十年間で、一兆二千八百七十七億円がかかるのである。このような状態なので、防衛予算の後年度負担であるいわゆる兵器ローンの借金残高は増え続けている。二〇一三年では三兆二千億円余りであったが、二〇一九年度予算案では、五兆三千億円余りで、当初予算として初めて兵器ローンの残高が年間防衛費を上回ったのである（東京新聞社会部二〇一九：一八、四二、七七）。

このように様々な局面で多くの軍事費が使われており、そのうえ結果としてテロリストなどの敵もつくり出している状況において、軍事費を削減することは喫緊の課題であろう。また、世界で巨大な権力と経済力を有している軍産複合体を縮小することは重要であり、それらの民生転換や軍事力主義の低減化も必要である。

三　非暴力と非殺人

(1) 非暴力の可能性

戦争に対峙《たいじ》するのが、非暴力や非殺人であり、現在ではあまり議論されていないが、平和構築にとって、重要な概念であろう。非暴力運動で最も有名なのは、マハトマ・ガンディーである。彼は、非暴力の抵抗は、暴力による抵抗よりもはるかに積極的であり、弱者の武器ではなく、雄々しい心を持つ人の武器であるとする。暴力が獣《けもの》の掟《おきて》であるのに対して、非暴力は人類の法であると考える（ガンディー二〇〇一：四九、四五、二七）。

彼は宗教的多元主義の視点も有していた。彼の育ったグジャラートは、ヒンドゥー教、イスラーム、ジャイナ教などが混在した地域であり、宗教的多元性が息づいていた（杉本二〇一八：六七）。彼は次のように、他宗教については寛大に、自宗教については厳しい目を向ける。「他宗教の聖典を批判したり、その欠点を指摘したりすることは、わたしの任ではない」。しかし、「ヒンドゥー教の欠点を指摘することは、わたしの権利でもあり義務《つとめ》でもある」と述べたのである（ガンディー二〇〇一：一八三―一八四）。

ガンディーに対して、神聖化されることもあるが、そのようなことはむしろ非ガンディー的でもある。また、彼の宗教は超合理的、超越的存在への信仰ではなく、「真理（サティヤー）」への絶対的帰依である。さらに他のエリート指導者とは異なり、農民を中心に幅広い人びとに思想を訴えかけてもいた（杉本二〇一八：三二七、一三―一五）。二十世紀において、植民地から独立を果たした指導者で国家元首にならなかったのは、ガンディーくらいである（ラミス二〇〇九：五三）。国家権力や国家の暴力から一定の距離をとっていたことの証《あか》しであろう。

最近では、ガンディーの思想は、反生産力至上主義、脱開発、脱成長という思想潮流の源流の一つとして評価されている。ガンディーの簡素な生活という理想が、人間と自然を支配することで発展してきた現代産業文明が直面している地球環境破壊に対して、克服する道を示すとして評価されている（中野二〇一四：二三）。

他の非暴力として、政治学者のジーン・シャープのような現実に立脚した非暴力主義も存在する。彼は非暴力闘争の方法として、次の二つを掲げる。第一は、敵のパワーの源泉を切断する方法であり、支配者への服従・協力を拒否することである。第二は、弱い者が強い者を倒す「政治的柔術」によるものであり、敵の残忍行為により憤《いきどお》りが高まり、より多くの人びとが非暴力抵抗運動に参加し、第三者の支援も増大し、強大な軍事力を持つ者に対して勝利を収めるのである。また非暴力的闘争の主体は、絶対平和主義者でも聖人でもある必要はなく、宗教的・倫理的である必要もないのである（中見二〇〇九：一六六―一七二）。またシャープは、歴史をひもとき、軍事的交戦よりも政治的闘争のほうが死傷者の数はずっと少ないことを指摘し、さらに具体的に百九十八もの非暴力行動の方法を提示している[1]（Sharp 2010=2012:65, i - xiii）。

一九〇〇年から二〇〇六年までの世界各地の政治抵抗運動について分析したところ、ガンディーやマーティン・ルーサー・キングなどの非暴力の抵抗運動の四分の三が成功していたのに対して、暴力を伴う抵抗運動の成功率は三分の一だった（Pinker 2018=2019 下:328）。このことからも非暴力運動の有効性がわかるであろう。

（2）非殺人への展望

近代政治学では、国家や個人の安全のため、また良き社会の創出と防衛のために殺人は不可欠であるとされている。だが平和研究者のグレン・ペイジにより、政治学の分野で「非殺人（nonkilling）」

という言葉をタイトルに冠した最初の英文書籍が出版された (Paige 2009=2019: xvi)。これは、殺人は不可避であるとの従来の政治学を根本的に変革するものである。

非殺人社会とは、身近な共同体から始まり、地球的なレベルに至るまで殺人や殺人の脅威が存在しない人間の社会である。そこでは殺人用の武器は存在せず、殺人目的の職業も存在せず、武器使用の正当性も存在しない。社会維持や変革の名目での殺人や殺人の脅威がない社会である。このように人間社会においては、まず殺さないということが最低限の条件である (Paige 2009=2019:1-2)。

このような政治学の前提を覆《くつがえ》す主張を、幼稚な青くさい夢想であると、一笑に付すことができるだろうか。現在、紛争や暴力が蔓延《まんえん》し、分断や憎悪が世界に拡大している状況を改善する一つの方策となろう。また将来、この主張が当然であると考えられる可能性もあろうし、その歴史の流れを加速させる必要がある。そもそもペイジは非殺人を夢想だとは思っておらず、非殺人社会の実現可能性を次のような七つの根拠に基づいて論じている (Paige 2009=2019:166)。

第一に、ほとんどの人間は人を殺さないという事実がある。第二に、人間の持つ非殺人の潜在能力は人類の精神的な遺産の中にある。第三に、科学は人間に共存、利他、協力などの非殺人能力があることを証明している。第四に、死刑廃止や良心的兵役拒否の制度化といった政策は、暴力的な国家によってさえ採用されている。第五に、実際に多くの社会団体が、非殺人社会の萌芽《ほうが》とも言うべきものを持っている。第六に、政治的・社会的・経済的な変革のための非暴力的な国民運動が、革命における殺人の有力な代替として力を増している。第七に、非殺人の希望と経験のルーツが、世界中の歴史的な伝統の中で発見されている。

章のまとめ

現在では、経済的観点や軍産複合体の視点から戦争原因を見ることは非常に大切であろう。市場や経済の直接的・間接的要請で戦争が要求される場合が多いからである。第二次大戦前までは、戦争が儲かることもあったが、現在では戦争は多くのコストがかかり、経済を疲弊させている。湾岸戦争やイラク戦争など近年の戦争は、莫大な費用を浪費している。

人を殺すことはよくない、とのメッセージとともに、もう戦争は以前のように儲からず、自分たちの経済をもむしばむものだということも伝えなくてはならないだろう。

現在、様々な紛争やテロが多発していることから、非暴力や非殺人が夢想であると言われることが多い。しかし元々の人間の持つ性質は、暴力を好まない面を有しており、話し合いによる問題解決を行ってきたことも事実であろう。非暴力、非殺人は今後の進むべき道として有効な思考であり方法であろう。

【第二部】 貧困・格差の問題

——構造的暴力と福祉

第五章　現在の貧困・格差の状況と課題

はじめに

現在、新自由主義が世界を席捲《せっけん》し、お金がお金を生む投機的なマネーゲームが流行し、強き者がより強く、弱き者がより弱くなっている。かたや肥満に悩みダイエットに余念がない人びとと、一方では餓死をする人びとがいる。このような世界はどこか間違っている。

冷戦後の二十年間に餓死及び貧困に直接関係する病気で亡くなった人数はおよそ三億六千万人であり、二十世紀に起こった全ての紛争の犠牲者の数よりも多いと推定される（Duru-Bellat 2014=2017: 13）。

だが管見《かんけん》の限りでは、平和学の観点から貧困・格差の問題を研究する例は少ない。このような貧困・格差の問題や生活・福祉・思想の問題も視野に入れて、一般の人びとの幸福を考察する必要があろう。これまでの平和学は国際問題など日常生活とはややかけ離れていると感じられるような問題を取り上げることが多かったが、身近な民衆の幸福という観点から新しい平和学を創り出していきたい。

本章では、貧困・格差の現状分析をするために、まずグローバリゼーションにより世界と日本の貧困・格差が広がる状況を説明し、貧困と富裕が世代間に連鎖していることを考察する。最後に、貧困・格差により病気や暴力が蔓延《まんえん》することを説明する。

一　世界の貧困・格差

(1) グローバリゼーションと格差

グローバリゼーションと貧困や格差の問題は密接である。グローバリゼーションによって、金持ちがより金持ちに、貧乏人がより貧乏になっている。

政治学者のヨアヒム・ヒルシュは、グローバリゼーションは富めるエリートの戦略であると主張する。この戦略の中心は貨幣と資本の自由化や規制緩和をグローバルな規模で展開しようとするものである（ヒルシュ二〇〇七：三二）。経済学者の上垣彰によれば（上垣二〇〇七：六五）、自由貿易理論に基づく貿易の拡大は、各国を比較優位な産品の輸出に特化することを促す。その結果、途上国はカカオやコーヒーなど一品だけをつくらされるモノカルチャー的構造を脱却できない。ところが、そのような途上国の産品は、先進国の巨大資本が販売・流通を支配しており、途上国側はその利益の配分にあずかれないうえ、激しい価格変動の被害は途上国側が受ける。巨大資本のある先進国はますます富み、途上国はますます貧困化する。このようなグローバリゼーションの問題は現在の現象でもあるが、植民地主義や奴隷貿易、帝国主義など歴史的事象とも密接に関連し、これらによっても貧困・格差が増大したことは忘れてはならないだろう。

このようにグローバリゼーションが急速に進み、それに伴い大きな格差を生み出している。世界の成人人口のうち、最も裕福な〇・一％の人たちの資産は、世界の富の総合計の二〇％に達する。最も富裕な一％の人たちの資産は、世界の富の総合計の五〇％に相当する（Piketty 2013=2014:454）。さらに二〇一六年の世界の富豪上位八人の資産総額は、世界の下位三十六億人の財産に匹敵するといわれている（水野二〇一七：三八）。このように国際的な貧困・格差の増大により多くの不満が生じ、それへの対抗運動が世界各地で起こっている。

（2）持てる者と持たざる者の格差

マネーゲームに走り、莫大《ばくだい》な利益を得て、肥満や糖尿病等になり、ダイエットに悩む先進国がある一方、餓死をしたり幼い命が亡くなったりする途上国や地域がある。一九九〇年代末の数字ではあるが、アメリカでは年間に、化粧品八千八百億円、菓子類三兆円、アルコール飲料七兆七千億円、マイカー六十一兆六千億円が使われている。EUでは、アイスクリーム一兆二千百億円、たばことアルコール十六兆五千億円、アメリカとEUを合わせて、ペットフードに一兆八千七百億円を費やしている（Held et al 2005=2007:34-35）。また、二十一世紀初頭の数字であるが、世界では十億二千万人の人間が慢性的な栄養不良状態にあり、八億八千四百万人が安全な水を手に入れられず、二十五億人が基本的な公衆衛生の便益を受けられず、九億二千四百万人が適切な住居を欠き、十六億人が電力を使用できないと推定されている。さらに約二十億人が必須の医薬品を得られず、約七億八千百万人の大人が非識字者であり、二億千八百万人の児童労働者がいる（Pogge 2008=2010: 24）。

極端な貧困を解消するためには、それほど多額の費用は必要ない。その金額は年間およそ五兆五千億円で、さらに栄養、医療、教育などに関する二〇〇〇年に国連でまとめられたミレニアム開発目標を達成するには、十六兆五千億円ほどの予算が確保できればよいのである。毎年の世界の軍事費は二〇一八年現在約二百兆円で、税金を回避するタックス・ヘイブンには毎年約九十九兆円もの膨大なお金が流れ込んでいる（Duru-Bellat 2014=2017: 108）。これらの一部を貧困対策に充《あ》てれば、地球的問題群は解消するのである。

ミレニアム開発目標にもあったように、富裕国の国内総所得の〇・七%を貧困国に移転するだけで、貧困が半減する。富裕国の生活水準をそれほど落とさずに、人びとの生命が救えるのである。経済学者のアンソニー・アトキンソンも同様なことを主張しており、現在推定十二億の人びとが一日一・二五ドル以下で暮らしており、これらの人びとを貧困線以上に引き上げるための必要金額は、三百六十五日×一・二五ドル×十二億人＝五千五百億ドル（六十兆五千億円）となっている（Atkinson 2015=2015: 268）。富裕国や富裕者の余剰分の一部を貧困問題に充てればよいので、これらは持てる者の義務であろう。

（3）世界における不正義の現状

現在、世界中で貧困・格差などが大きな問題となっており、不正義がまかり通っている。現在の数字は多少良くなっているかもしれないが、地球には次のような人たちがいる。一日一ドル（百十円）以下という最低の生活をしている人は地球人口の約二割、一日二ドル（二百二十円）以下は地球人口の約半分である。ここ十年間で二億人近くの人が、貧困や飢えを原因として死んでいった。貧困を原因に死んでいく子どもは、一分間に約二十人である。他方、地球上の豊かな二割の人びとが、世界の肉と魚の四五％を、総エネルギーの五八％を、電話の七四％を、紙の八四％を、車両の八七％を使っているのである（伊藤二〇一一：四六―四七）。

富裕の定義をポルトガルの平均所得、つまり平均年収二百七十五万円として、この定義に当てはまる富裕層全員が二万二千円寄付したら、貧困は解消されるという数字もある（Duru=Bellat 2014=2017:126）。

また、命の格差も存在する。二〇〇八年のユニセフの調査によれば、最も子どもが多数死ぬシエラレオネでは、生まれてきた子どもの千人中二百七十人が五歳の誕生日を迎える前に亡くなるのである。日本では、五歳の誕生日を迎えることができない子どもは千人中四人である（伊藤二〇一〇：四一―四二、一一）。

これらの数字を見てもわかる通り、様々な不正義が世界中でまかり通っており、このような問題を具体的に解決しなくてはならないだろう。

二　日本における貧困・格差

（1）貧困・格差の現状

貧困や格差は途上国のみの問題ではなく、日本の問題でもある。グローバル化により富の偏在が国内でも国際的にも生じており、問題は国内と国際とでリンクしている。一九八〇年代までは比較的多くの日本人に中流意識があったが、最近では中間層がなくなりつつある。人間が企業や資本のために徹底的に商品化され、使い捨てにされ、希望と誇りを失わされる事態が多発している。日本のマスメディアも連日のように、ワーキングプア、貧困と格差、非正規労働者、名ばかり管理職などの問題を報じるようになってきている。それは「構造改革」という名の市場原理・新自由主義路線が推進されるもとで広がり、社会問題化した。今や日本の全労働者の三人に一人は非正規労働者になった（暉峻二〇〇八：三四）。日本は経済協力開発機構（ＯＥＣＤ）諸国の平均的な賃金額と比較して、最低賃金は非常に低く、これらの諸国の中でチェコとともに最下位の三六％である（橘木二〇一六：四九―五〇）。

ＯＥＣＤ対日経済審査報告書二〇〇六年版によると、ＯＥＣＤの中で、日本はトップのアメリカに次ぐ相対的貧困率ワースト2とされている（暉峻二〇〇八：三四）。相対的貧困率は上昇しており、二〇〇七年では一五・三％で、十八歳未満では一四・七％だったのに対して、二〇一〇年では、一六・〇％で十八歳未満では一五・七％に上がっている（阿部二〇一一：五九）。日本は豊かな国と考えられてきたが、現実は変貌しつつある。

格差の度合いを示すジニ係数は、〇が格差なしであり、一が最大格差であるが、二〇一四年から二〇一七年の日本のジニ係数は〇・三三九であり、ＯＥＣＤ諸国平均の〇・三一七より大きく、順位で言えば、三十六カ国中悪いほうから十二番目である。ちなみに、日本よりジニ係数の大きい国には、チリやメキシコ、トルコなど先進国ではない国が含まれており、北欧、中欧の主要国は全て日本よりジニ係数が小さいのである。先進国の中では、アメリカ、イギリス、韓国、スペインに次いで五番目にジニ係数が大きく、日本は格差が大きいと言える（橋本二〇二〇：四二）。

（2）貧困・格差の要因

このように貧困者が増大した理由として次のようなことが考えられよう（橋本二〇一六：一二五）。第一に、日本はバブル期以降に長期の不況期、低成長期に入り、失業者の数が増大した。第二に、企業が不況に対処するには労働費用の節約が必須なので、賃金が安く解雇のしやすい非正規労働者の数が増大した。第三に、最低賃金の低いことが、一部の人の生活苦を生み出しており、しかもこれが労働者全体の賃金を低くしている。第四に、生活保護制度がうまく機能しておらず、捕捉率（生活保護基準以下の所得しかない貧困世帯のうち実際に生活保護を受けている率）は約二割と非常に低い状況である。第五に、年金、医療、介護、失業、子育て支援などに関わる社会保障制度がヨーロッパと比較すると劣っている。

日本では、所得再配分の前と後で、ジニ係数を見ると、六十五歳以上の高齢者世帯では改善率が五二・五％であるのに対して、現役世帯を中心とした世帯では、二一・〇％にとどまっており、格差が改善していない（宮本二〇一七：一四）。再配分には大まかに分けて二つの方法がある。一つは富裕層に重い税金をかけることで、もう一つは低所得層に手厚い給付を行うことである。OECDの二〇〇八年の調査によると、日本の場合、前者による格差の改善度は調査先進国の中で最下位、後者によるものは下から三番目であった（井手他二〇一六：一二一―一二三）。このように日本では、所得再配分がうまく機能していないのである。

（3）「溜め」のない社会

社会学者の湯浅誠によれば（湯浅二〇〇八：六〇―六一、七九）、日本は滑《すべ》り台社会であり、うっかり足を滑らせたら、どこにも引っかかることなく、最後まで滑り落ちてしまうと言われている。現在、雇用・社会保障・公的扶助の三重のセーフティーネットが機能せず、さらに住む家がなく、食べられないので、罪を犯して自ら刑務所に入ることを望むといった現状がある。つまり第四のセーフティーネットが刑務所になっているのである。これらのことは単に景気が悪いからでは片づけられない。

最近、「溜《た》め」のない人びとが増えているという。「溜め」とは有形無形様々なものがあり、広い意味での社会関係資本とも言えよう。お金の他に、頼れる家族、親族、友人がいるというのは人間関係の「溜め」、自分に自信がある、何かをできると思う、自分を大切にできるというのは精神的「溜め」である。このような「溜め」のない人びとはセーフティーネットにもかからず、急速に滑り台を転げ落ちてしまう。

このような「溜め」のない人びとは五重の排除を被っている。第一は教育課程からの排除で、親世代の貧困がその背景にある。第二は企業福祉からの排除で、非正規雇用・雇用保険・社会保険・福利厚生からの排除である。第三は家族福祉からの排除で、親や子どもに頼れないということである。第四は公的福祉からの排除である。生活保護申請の窓口などで、若い人は、「まだ働ける」「親に養ってもらえ」、年老いた人は「子どもに養ってもらえ」、母子家庭は「別れた夫から養育費をもらえ」「子どもを施設に預けて働け」、ホームレスは「住所がないと保護できない」などと言われる。第五は自分自身からの排除である。第一から第四までの排除を受け、しかもそれが「自己責任」論によって「あなたのせい」と片づけられ、さらには本人自身がそれを内面化して「自分のせい」と捉えてしまう場合、人は自分の尊厳を守れずに、自分を大切に思えない状態にまで追い込まれる。

(4) 社会的排除の問題

社会学者の阿部彩によれば(阿部二〇一一：九三、五—六)、現在、社会的排除が大きな問題となっている。社会的排除は、資源の不足そのものだけを問題視するのではなく、その資源の不足をきっかけに、社会における仕組みから脱落し、人間関係が希薄になり、社会の一員として存在価値が奪われていくことを問題視する。会社を解雇されれば、給与がもらえなくなるだけではなく、社会保険から脱落し、職場の人間関係を失い、社宅に住んでいれば住居さえも失う。失業期間が長くなれば再雇用は難しくなり、貯蓄も底をつき国民健康保険料も払えなくなり無保険となる。再就職に失敗すればするほど、自尊心が傷つけられ、頑張ろうという気持ちが奪われる。楽しめるはずの場所でさえ、行くことが恥ずかしくなってしまうのである。このように日本においても貧困・格差が重層化し、負のスパイラルに陥《おちい》っており、さらに次節で見るように、世代間連鎖も起こっている。

三　貧困の連鎖

(1) スタートラインが異なる社会

生まれ落ちた先によって人生が大きく制約される社会は、真に公正な社会であろうか。日教組のアンケート調査で、家庭の経済力の差が子どもの学力に影響していると感じている教職員が八三％に達している（湯浅二〇〇八：五八）。生まれた時からスタートラインが異なるという機会の不平等が存在し、セーフティーネットの崩壊や滑り台社会化と、生活保障なき自立支援という再チャレンジ政策がそれに追い打ちをかけている。社会全体の貧困化が進み、野宿者・ネットカフェ難民が増え、刑務所がいっぱいになり、児童虐待が増え、子が親を殺し、親が子を殺している。社会は全く強くなっていないのが現状である。「溜め」を奪われ、社会的排除を被った人びとは、体力が落ち、免疫力が低下し、短命化する傾向にある（阿部二〇一一：一三〇―一三四）。

二〇一四年度の「自殺対策白書」によると、主要先進国で若者（十五歳から三十四歳）の死因のトップが自殺であるのは日本だけであり、若者の自殺死亡率は日本が突出している。人口十万人当たりの自殺者は、一位日本二〇・〇、次いでカナダ一二・二、アメリカ一一・三、フランス一〇・一となっている（藤田二〇一六：七二―七三）。日本は、世界で最も若者が生きにくい先進国となっている。これは病んだ社会であり、改善しなければ、今後さらに不満や暴力が噴出する可能性がある。

本来、スタートラインが同じでなければフェアな競争ではないが、明らかに貧困は連鎖している。一九九七年と二〇一二年の間で、子どもの貧困率は一三・四％から一六・三％へと上昇している。二〇一一年度において、ひとり親世帯の子どもの貧困率は五三％を超えている。二〇一四年度において、父親が非正規雇用である世帯の子どもの貧困率は三三・四％であり、正規雇用の場合は六・七％にとどまっている（宮本二〇一七：四―五）。

（2）連鎖する貧困

二〇〇八年に行われた小学六年生の全国学力テストの結果によると、親の年収が上がるにしたがって、子どもの学力がアップしている。例えば、年収が一千二百万円を超える家庭の子どもの国語Aと算数Aの正答率は、平均正答率よりも約七ポイントも高くなっている。逆に年収二百万円未満の家庭の子どもの正答率は、どちらの科目も平均より約十二ポイントも低いという結果が出ている（橋木二〇一五：一一九―一二〇）。これは親の貧困が子どもの学力、ひいては子どもの将来に大きく影響を与えており、貧困が連鎖していることを示している。自分の努力ではなく、偶然どこに生まれるかで、ある程度人生が決まってしまうのは公正な社会ではない。

さらに、児童虐待や養護施設出身者、ひとり親世帯等の問題も連鎖している。児童虐待の背景には親の貧困やストレスがあり、さらに親自身が子どもの時に虐待された経験を持っているケースが多い。経済学者の駒村康平によれば（駒村二〇一五：四四―四五、一六二―一六三、二一五）、養護施設出身者の生活保護受給率は九・五％で、都内の生活保護受給率一・八％と比べて、五倍以上高い。ひとり親世帯もかなりパターン化してきている。子ども時代の貧困経験、生活保護受給経験、十代での結婚・妊娠、高校中退、早い離婚、低い賃金と悪い労働条件、健康の悪化、子どもの障がいなど、原因は類似している。このような劣悪な状況で育てられた人には、自分の周囲で一生懸命働いている人や勉強をしている人を見たことがないという環境で成長した人が多い。低所得者の大学進学率が低いのは、大学を目指す気持ちや自分の将来への希望が育《はぐく》まれなかったことにも原因がある。このようなことから、大学進学時期よりはるか以前から支援が必要なのである。

四　富裕の連鎖

（1）金持ちがより金持ちに

格差拡大の要因は、貧乏人がより貧乏になるとともに、金持ちがより金持ちになっている現状があるからである。貧困も連鎖しているが、富裕も連鎖しており、世代間格差がより大きくなっている。三千万円以上の金融資産を保有する世帯は、一九九一年に六・八％であったが、二〇〇九年には一二・七％に増えている（近藤二〇一〇：一二三）。また、日本の高所得者の上位一％が占める全所得シェアは約九％となっている（駒村二〇一五：二八）。

雇用者報酬は五兆円減っているにもかかわらず、大企業の役員報酬は二〇〇二年からの五年間で八四％も増えている。年収五千万円を超える会社員は二〇〇八年までの十年間で約一・五倍、個人事業者は約十三倍になっている。日本の個人金融資産は、一九九〇年は一千十七兆円だったが、二〇〇六年には一千五百兆円を超えており、十六年間で約五〇%増になっている。現在、全ての日本人は一人当たり平均で約一千万円以上の金融資産を持っていることになる。四人家族であれば、四千万円以上の金融資産があることになっている（武田二〇一四：二二―二三）。このような現実は一般の庶民には夢物語であり、ごく一部の人が大量の資産を持っているので、平均値を上げているにすぎない。このように格差の増大、富の偏在が現在大きくなっている。

アメリカのメリルリンチの報告によると、金融資産を一億一千万円以上持っている日本の富裕層はここ数年で増えている。二〇〇四年には百三十四万人だったが、二〇一一年には百八十二万人になっている。この百八十二万人は世界全体の一六・六%に当たり、アメリカに次いで世界第二位である。アメリカの富裕層は三百七万人であるので、人口比率から言えば、日本のほうが富裕層は多いのである（武田二〇一四：二〇―二一）。

（2）金持ち優遇政策

格差増大の要因は、グローバリゼーション・新自由主義・民営化（効率や利益を重視するために国の事業を民間に移行させること）によるものである。さらに大企業や高所得者優先の税制も大きく影響している。一九八八年と二〇一〇年の比較をしてみると、大企業の法人税率は四〇％から三〇％、高所得者の所得税率は六〇％から四〇％（なお一九八〇年は七五％）、相続税の最高税率は七五％から五五％に大幅に減っている。このような金持ち優先の税制により、高所得者は所得の一五％から二五％を貯蓄に回し、その分消費が増えないことになる。下層の人びとはほぼ全額を消費に充てるので、庶民の収入が減った分だけ社会全体の消費が減り、景気がさらに冷え込むことになる。このように下層から上層へお金を移動させれば、消費は単に落ち込むのである（武田二〇一四、Stiglitz 2012=2012:144）。

日本において、一九九七年までは、企業の利益が上がれば、賃金は上昇していた。しかし一九九八年以降は、利益と賃金は逆相関するようになり、賃金を削って利益を確保するようになった。利益を確保するために賃金を下げれば、当然ながら消費は低迷する。特に賃金の多くを貯蓄や投資ではなく消費に回す貧困層を直撃し、ますます消費は低迷する。企業で確保された利益は富裕層の株主に配当されるか、企業の内部留保として貯《た》め込まれ、消費にはさほど回らず、景気がより悪化するのである（橋本二〇二〇：三六八―三七〇）。

日本における富裕層の税負担率はかなり低い。二〇〇九年における日本の所得税は、十二兆九千百三十九億円にすぎず、アメリカでは、百四兆八千三百億円になっている。アメリカの経済規模は日本の三倍程度なので、経済規模から言えば、三倍程度でないとおかしい。また、日本のほうが、最高税率が高いので三倍以内の差になるはずである。しかし全くそのようにはなっておらず、一桁違う状況である。この理由は日本における富裕層の税負担がかなり少ないからである。例えば、年収三億円の社長と年収四百三十万円のサラリーマンの所得税と社会保険料の合計の負担率は、社長が五千四百三十八万円で約二一％に対して、平均的サラリーマンは百四十九万円で約三五％となっている。サラリーマンのほうが負担率は一四ポイントも多いのである。富裕層は優遇税制があり、また社会保険料は掛け金に上限があり、いくら収入が多くてもそれほど払わなくてよいからである（武田二〇一四：二八―三三）。

高所得者は、もともと自分たちが遺産相続、家庭環境などの初期条件に恵まれていることを軽視する傾向が強い。自分たちが豊かになったのは、リスクに挑戦し、かつ大変な努力を重ねたからであり、成功の報酬として高額の所得を稼いでいるのだ、と錯覚している（橘木二〇一六：八六）。しかし実態は、初期条件に恵まれていて、スタートラインが違っていたにすぎない例が多いのである。

経済学者のトマ・ピケティも明らかにしたように、資産保有による所得が勤労による所得を上回っている。汗水流して働くのではなく、資産運用によってお金を儲けているのである。この運用には、後に述べるタックス・ヘイブンや一秒間に千回以上もの取引をする投機的なマネーゲームによるものが多い（上村二〇一六：六、一五一）。

日本の所得税制は累進《るいしん》課税制を採用しているが、実際にはそうではない。税負担率は所得一億円の二八・三％をピークに富裕になるほど下がっていき、所得百億円にいたっては一一・五％にまで下がり、逆進的なものとなっている。これには節税、脱税、租税回避は入っていないので、実質的な負担率はさらに低いものとなる（志賀二〇一三：二一─三）。一九八〇年代に比べて、明らかに大企業や富裕者に対する優遇税制となっている。大多数の人びとの犠牲の上に、ほんの一握りの強者を優遇するのは倫理的にも間違っている。また、経済効果の面でもマイナスなのである。

（3）タックス・ヘイブンによる租税回避

所得税の逆進性の上に、租税回避が行われていて、富裕層や大企業は税をかなり逃れている。

租税回避はタックス・ヘイブンとも呼ばれ、税率が極端に低いかゼロの国・地域を指し、固い秘密保持法制があり、金融規制などの法規制が欠如している特徴を持っている。このタックス・ヘイブンで行われていることは、高所得者や大企業による脱税・租税回避、マネー・ロンダリング、テロ資金への関与、巨額投機マネーによる世界経済の大規模な破壊である（志賀二〇一三：五―六）。

もともと、タックス・ヘイブンは、イギリス王室が課税逃れのために、自分たちの王領に資産、財産を移していったことが出発点だといわれている。戦後のイギリスの金融立国への道のりと旧植民地の「金融植民地化」、ならびに新たに法人税を下げることで企業が活躍しやすい経済特区的な潮流をつくり出すことで、拡大してきたのがタックス・ヘイブンと言える（上村二〇一六：二七―二九）。

このタックス・ヘイブンを内外の多くの企業が利用している。タックス・ヘイブンに秘匿《ひとく》されているのは、およそ五千兆円である。世界のＧＤＰの合計が八千五百九十兆円くらいであるので、半分以上はタックス・ヘイブンに秘匿されていることになる。これにきちんと課税すれば、年間三十一兆円から五十七兆円の税収が得られると試算されている（上村二〇一六：四二―四三、五九―六〇）。

貧困層をはじめとして一般民衆は源泉徴収などで、きちんと税金を徴収されるのに、巨額なマネーを所有している富裕層や大企業が租税を回避しているのは、大きな不平等であり、格差拡大の主要な原因ともなっている。正直者がばかを見る社会、税金をまじめに納めた者が損をする社会は間違っている。また、タックス・ヘイブンは書類上だけ本社を海外へ移し、自国へ税金を支払わない仕組みである。例えば日本の企業は、日本の税収で整備されたインフラを利用し経済活動を行っているので、本来は課税されなくてはならないはずである。金融、企業活動はグローバル化しているが、法律が追いついていないためにこのような現象が起こる。今後、様々なグローバル・タックスがつくられ、世界的に平等な課税がなされ、格差是正や諸問題の解決をはかる必要がある（上村二〇一六：五三―五四）。

富裕層も世代間連鎖をしており、たまたま生まれたところが良いと豊かな人生を送れ、自分の実力以上の経済力や権力を得られる。それに対して大多数の人びとは不満を増大させ、場合によってはそれがテロや紛争に結びついている。富裕層の富の一部を分配することにより、社会不安が減少し、税金も増え、豊かで治安のよい社会になれば、富裕層にもプラスになるのである。

五　貧困・格差による病気と暴力

（1）病気や死亡率が高まる貧困・格差

貧困・格差の問題は単なる経済事象にとどまらず、これらにより病気になる割合も大きく上昇し、さらには暴力や犯罪率も増大する。長いスパンで見ると、どのような父と母のもとに生まれ育ち、どのような人を配偶者に持つかで、本人の健康状態も変わってくる。子ども時代に貧しかった人ほど、大人になってからの死亡率（一定期間・一定人口に対する死亡者数の割合）が高い（近藤二〇一〇：九二―九四）。格差の少ない社会では寿命が延びる。つまり税金などを通じて所得の再分配を行うことは、健康政策でもあるのである（カワチ二〇一三：五三）。

社会的に孤立した人は死亡率が高い傾向がある。人間は社会的動物であり、一人で孤立して生きられない（近藤二〇一〇：七七、八〇）。以前の日本では、人びとの絆、隔たりのない社会が日本人を長寿にしてきた（カワチ二〇一三：五）。現在はつながりや絆も薄れ、格差社会になっているので、今後日本人の寿命が短くなる可能性がある。

今までは、病気の原因として、ウイルスや遺伝、近年では生活習慣などが着目されてきた。しかし、最近ではさらにもっと視野を拡大して考えるようになってきている。病気や死亡率を減少させるためには、単に医学の知識だけでは、足りなくなってきている。

病気は複合的要因によってなるのであり、身体内部の要因のみならず、ストレスなど心理的要因、労働時間やコミュニティーとの関わりなど社会的要因、貧困・格差などの経済的要因、自然との関わりを含む環境的要因などが病気に関連している（広井二〇一五：九三）。

命にも格差が存在し、低所得者の死亡率は高所得者の三倍にもなっている。これは、介護保険に関わる行政データを用い、男性高齢者三万人弱を四年間追跡調査した結果である（近藤二〇一〇：四―五）。現在の医学は狭義の対症療法的医学ではなく、病気の原因をよりさかのぼって考える必要がある。したがって、病気を治すためには、医師に限らず、様々な専門家の協力が重要である。

（2）高所得者の特徴

高所得者と病気や健康の関係は、どのようになっているのか。ここでは因果関係ではなく、相関関係を見ていく。

高所得者の特徴として、第一に、転びにくいということがある。高齢者が転倒、骨折し要介護状態になるケースが多く、転ばないということは重要である。ちなみに、仕事をしている人は骨折が二割少なく、高所得の人は骨折が二割少なく、一戸建てに住んでいる人は骨折が一割少なく、結婚していない人は骨折が四割多いという結果も出ている。医学書には骨折の危険因子は骨がもろくなる骨粗しょう症とは書いてあるが、所得が低いこととは書いていない。したがって、医学以前の様々な状況も考慮しなくてはならないのである。

高所得者の特徴の第二は、よく眠るということである。不眠症の割合は年収二百万円未満の人で六〇・一％に対し、四百万円以上の人では四八・九％と一割以上少ない。教育年数が短く、所得が低い人ほど、不眠症を訴えている。

第三は、明るい、うつが少ないということである。男性に限ると、うつは年収四百万円以上の人では二・三％にすぎないが、百万円未満では一五・八％と六・九倍も多くなっている。

第四は、要介護リスクや虐待が少ないということである。要介護者は、高所得層で三・七％、低所得者では一七・二％で約五倍も多くなっている。

第五に、元気で長生きで、死亡率が低いということである。男性高齢者に限ると、高所得者の死亡率は一一・二％で、最低所得者（生活保護受給世帯）では三四・六％と三倍以上になっている（近藤二〇一〇：一六一―一二四）。

今後、高所得者は財産を投資して人体改造をやり、遺伝子エリートが生まれるかもしれない。デザイナーベビーを創り出し、遺伝子操作やサイボーグ化により、持てる者と持たざる者が、遺伝子エリート「ジェンリッチ（遺伝的富裕者）」と「ナチュラル（天然人）」に分けられるかもしれない（Scheidel 2017=2019:547）。

（3）格差と暴力の関係

格差と暴力も密接な関係を持っている。他者への信頼、規範、ネットワークの総体であるソーシャル・キャピタル（社会関係資本）が豊かな国や地域ほど、経済成長率が高く、出生率が高く、犯罪や虐待が少ないという結果が出ている（近藤二〇一〇：一三五）。アメリカにおける自殺・他殺・事故で亡くなる可能性を見ると、人とのつながりが薄い人、例えば結婚していない、親族がいない、教会に通っていない人びとは、死亡のリスクが二倍以上になる（カワチ二〇一三：一三二)。アメリカにおいても、格差が大きい社会ほど人を信用する割合は低く、暴力が蔓延するなど、格差と殺人率は相関関係がある。格差の大きい地域ほど敵意指標が高くなり、人種や宗教などのグループ間の対立が激しく、人種間の偏見が大きいのである(阿部二〇一一:一三〇―一三四)。

さらに貧困と戦争も密接な関係があり、貧困は戦争への精神的免疫力を低下させる。若者を戦争に駆り出すために、徴兵制や軍国主義イデオロギーよりも効果的な方法がある。まともに食べていけない、未来を描けない、という閉塞《へいそく》した状況に追い込み、他の選択肢を奪ってしまえば、若者は「志願して(ボランタリーに)」入隊してくる。さらに排外主義的傾向が強くなり、ナショナリズム高揚に大きな役割を果たすことになる(湯浅二〇〇八:二一二―二一三)。このように貧困・格差が、病気、死亡率、暴力、戦争にも大きく関与している。このことから貧困・格差は単なる経済問題ではなく、健康、安定、幸福、平和に密接な問題として捉える必要がある。今後の平和学においても、貧困・格差は重要なメルクマールになり、暴力と戦争の原因として注目されるであろう。

章のまとめ

生まれ落ちた場所によって人生が制約されるのは、本当に自由な社会なのであろうか。生まれた時のスタートラインがすでに違っていて、本人の努力によってもどうにもならない社会は本当に公正なのであろうか。確かに、人間はそれぞれ全く異なって生まれてくる。その違いを個性と捉えてその人の可能性を発揮でき、平和に人生を満喫できれば、あまり問題は生じないが、現実はそうなっていない。今の世界はどこかおかしいと感じている人は多いであろう。

グローバリゼーションにより貧困・格差は確実に増大している。かたや、マネーゲームに走り、莫大な利益を得て、肥満や糖尿病等になり、ダイエットに悩む先進国がある一方、餓死をしたり幼い命が亡くなったりする地域がある。

貧困・格差問題はいわゆる途上国ばかりでなく、先進国においても見られる。日本も滑り台社会といわれ、一度落ちたらはい上がれない仕組みになっている。格差は増大しており、その要因として大企業や高所得者優先の税制や税逃れなどがある。「溜め」がなく社会的排除を受けた人びとは、貧困は自分の努力不足のせいだと「自己責任」論を内面化してしまい、さらには閉塞感から排外主義へと進んでしまう。

貧困と富裕の世代間連鎖も進んでいる。スタートラインが同じでない不公平な社会ができている。日本や世界において、分断、憎悪、敵対が進行している。貧困・格差により病気や暴力や殺人まで増大している。私たちが安心して暮らせる平和社会がまさに崩壊しつつある。

今まで日本の経済がうまくいっていたのは、投資家のマネーゲームのおかげではなく、勤勉で優秀な人材が豊富にいたからである。非正規雇用が増え、週四十時間働いても結婚できず家族が持てない社会となっている。今の日本の状態では、人材の質が下がっていくのは目に見えている。それは日本の最大の資源である人材を枯渇《こかつ》させるということである（武田二〇一四：九五）。

貧困・格差は全世界で確実に増大している。まさに現在は、経済成長第一主義、技術の進歩に対する一方的な信仰、消費主義と生産力至上主義という妄信的な教えに席捲されている（Latouche 2010=2013:11,112）。私たちは我々がつくり出した効率・物質至上主義の文明そのものも問い直さなくてはならない。富裕者、権力者中心の見方ではなく、貧しい虐《しいた》げられた人を慈《いつく》しむ視点や政策が求められる。

そのような政策をとり、富の再配分が機能すれば、富裕層にとっても住みよい社会となるのである。

第六章　貧困・格差の解決への方途

はじめに

本章では、貧困・格差を少なくするための方途として、ＳＤＧｓ（Sustainable Development Goals=SDGs。持続可能な開発目標）、教育、社会関係資本、正義の問題を取り上げる。

まず最近注目されているＳＤＧｓの試みと問題点を瞥見《べっけん》した後、教育における貧困・格差の問題を説明する。次に、信頼、絆、ネットワークの総体としての社会関係資本が、貧困・格差、社会的孤立を是正し、分かち合いをもたらすことを指摘する。最後に、正義論の観点から、貧困・格差減少の試み、能力の共有化について論じる。

一　ＳＤＧｓと教育の試み

(1) SDGsの試み

二〇一五年九月国連本部で「国連持続可能な開発サミット」が開催され、ＳＤＧｓが採択された。ＳＤＧｓは、二〇一六年から二〇三〇年までの十五年間での達成を目指した十七のゴール及び百六十九のターゲットで構成されている。このＳＤＧｓは、国際的な二つの流れが合流したものである。一つは、一九九二年のリオサミットで、持続可能な発展の目標として検討された流れである。もう一つは、二〇〇〇年の国連ミレニアム・サミットでまとめられたミレニアム開発目標（Millennium Development Goals=MDGs）である（白井二〇一八：一四八）。[1]

ＳＤＧｓの特徴として五つ挙げられる。第一に、持続可能な社会を構築しないと人類に未来はない、という強いメッセージ性である。第二に、「誰ひとりとして置き去りにしない（No one will be left behind）」という野心的取り組みである。第三に、貧困・教育・経済的不平等・環境・平和と公正など、達成すべき目標は相互連結的である。第四に、達成に向けて政府・国際機関・自治体・

企業・市民団体・個人など全員が参加することである。第五に、途上国だけでなく先進国も達成目標に向かって必要な行動をとるということである（佐渡友二〇一九：一四二）。

このような重要な意義を持つＳＤＧｓであるが、問題点も指摘されている。第一に、ＭＤＧｓを取り込む等の経緯を経て様々な主張の合議によって作成されたので、体系的な構造を持たず、複雑になってしまった。第二に、「できることをできるところから」という視点で行われると、既存の取り組みの正当化にとどまってしまうことになる。第三に、ゴールやターゲットは、途上国の抱える課題だけでなく、先進国の課題も追加されたとはいえ、国レベルの大局的な課題が中心である。第四に、リスクへの備え、環境と経済の両立、先進国の縮小時代への対応という点で不十分である（白井二〇一八：一四五、一五二）。

さらに政治学者の土佐弘之によれば、貧困の撲滅《ぼくめつ》や不平等の縮減といった目標が設定されながら、配分的正義の問題や再配分の必要性には触れられないままであり、結局のところ途上国ではネオリベラルな経済政策を選択するしかない状態が続いている。ＳＤＧｓのゴールの「⒀気候変動及びその影響を軽減するための緊急対策を講じる」「⒁持続可能な開発のために海洋・海洋資源を保全し、持続可能な形で利用する」「⒂陸域生態系の保護、回復、持続可能な利用の推進、持続可能な森林の経営、砂漠化への対処、ならびに土地の劣化の阻止・回復及び生物多様性の損失を阻止する」の三項目は、自然／社会の二元論が前提とされており、自然を人間が利用する資源として見ている世界観や人間中心主義が感じられる。そもそも大量生産・大量消費・大量廃棄などに象徴される資本主義のあり方そのものを変えねば、エコロジカルな惑星的限界を超えることはできない（土佐二〇二〇：二八、二九）。

このような問題や議論がありながらも、SDGsは次代への重要な目標であり、全地球の人びとが協力して成し遂げなければならないことも事実であろう。

（2）教育における是正のための方途

SDGsのゴールの四番目に教育問題があったように、教育、特に乳幼児の支援は貧困・格差の是正のために重要である。日本では、子ども一人当たりの子育て支援の政府支出は、先進国平均の半分のレベルである（柴田二〇一七：一一四）。また、二〇一二年の日本の教育への公的支出はGDP比で三・五％であり、OECD諸国中スロバキアと並んで、最低である（宮本二〇一七：二六）。

日本では多くの人が、子どもの世話は親などの家族がやるべきだと考えており、そのことが子育て支援などの教育費の政府支出が少ない原因ともなっている。二〇一二年に各国で行われたアンケート調査では、「就学前の子どもの世話は主に誰が担うべきか」という項目に、日本では八割が家族と答えていた。しかし、北欧では六割から八割が政府や自治体と答えている。つまり、公立の認可保育所がまず面倒を見るべきだということである。フランスでは家族でも政府でもなく、民間が面倒を見るべきという答えだった。つまり、認定保育ママやベビーシッターが面倒を見るべきだと考えられている（柴田二〇一七：一八七―一八八）。

日本において老人世代への社会保障は比較的手厚いが、子ども・若者世代に対しては低い。これらの貧困の連鎖を食い止めるためには、公的資金を教育に充《あ》て、まずはスタートラインを同じにする必要がある。そうすれば、ある程度時間は必要だが、教育を受けきちんと就職をすることにより税金を払うようになり、経済効果が上がる。教育への投資は、このように一石二鳥なのである。

医学者のイチロー・カワチによれば（カワチ二〇一三：七六、八七）、格差をなくす三大戦略として、所得格差の是正、職の安定とともに、幼児期からの早期の教育が挙げられている。この早期の教育の充実により、貧困の連鎖を断ち切ることができ、さらに経済効果も高くなる。

例えば、公共事業に追加予算を投入した時の経済効果は、最大一・一倍で、法人税減税の経済効果は最大〇・六倍だが、保育の子育て支援の政策に追加予算を投入した経済効果は、約二・三倍になるといわれている（柴田二〇一七：八）。また、幼少期から教育投資をすると一七％の利益がある。つまり百万円教育投資すると十七万円の利益（価値）がある。これは株式投資よりも利回りがいい計算になる（カワチ二〇一三：八七）。

経済学者のジェームズ・ヘックマンの研究でも、就学前教育を行うことで、所得や労働生産性の上昇、生活保護の削減効果などが生まれ、社会的な投資収益が一五％から一七％上昇することがわかっている。それだけではなく、財政へのメリットも大きい。学校の成績や高校卒業率が高くなる一方で、犯罪発生率は下がり、将来の所得は増える。この結果、政府の支出は減り、税収が増えることが期待される（Heckman 2013=2015、井手他二〇一六：一五六―一五七）。このように教育投資により、様々な局面でメリットが増えるのである。

また、教育の効果を調べた研究によると、教育を受けた人々は人種差別や性差別をすることが少なく、外国人嫌悪や同性愛嫌悪、権威主義にも陥《おちい》りにくい。想像力や独立心、言論の自由に高い価値を置き、投票したり、ボランティア活動に参加したり、政治的意見を表明したりすることが多い。労働組合、政党、宗教団体や地域団体などの市民団体に所属し、他の市民を信頼する傾向にある(Pinker 2018=2019 下:19)。

二　社会関係資本の強化

(1) 社会関係資本とは何か

人びとの間の協調的な行動を促す信頼、互酬性の規範、ネットワーク、絆を社会関係資本という。人が人に対して抱く信頼、「お互いさま」といった言葉に象徴されるこれらの社会関係資本によって、集団としての協調性や市場では評価しにくい価値が生み出される(稲葉二〇一一:i、一)。

だが現在、このような社会関係資本や人と人のつながりという、社会の最も基盤となる部分が弱体化してきている。このままいくと、排除が孤立を生み、それが分断を招き、最後は社会の解体に結びつく恐れがある(山崎二〇一七:九)。

貧困とは、単にお金がないだけではなく、つながりや自信がないことである(湯浅二〇一七:三)。

つながり、分かち合い、信頼などがどんどん弱くなり、貧困が進んでいる。そもそも私たち人類が日常の場で助け合い、コミュニティーや社会をつくってきたのは、協力して共同の目的を行うためだった（井手二〇一七a：二二二）。だがそれも現在、弱体化してきている。

市場領域が無原則に拡大されていくにもかかわらず、様々な社会システムへの支援を政府が縮小させているので、人間関係は急速に分断されて崩れていく。しかも民主主義への不信と幻滅が広がり、世界が分断と憎悪と暴力にあふれている。その原因は人間と人間との結びつきが弱くなり、人間と人間との絆が分断されているという不安感が急速に広まってしまったからである（神野二〇一七：四、一六）。

現在は、私たちが前提としてきた経済成長がもはや実現困難になるだけでなく、環境破壊の深刻化、中間層の没落、階級社会への回帰、新自由主義の行き詰まりと自国優先主義の台頭等が引き起こされている。そのことにより、二十一世紀は不安と停滞の世紀として後世の歴史家によって語られる可能性がある（井手二〇一七b：二三九）。

新自由主義者らの論理にしたがえば、弱い立場にある者をからかい、ばかにすることで人気を獲得するテレビタレントは、多くの人びとの欲求を充足しているがゆえに、巨万の富を手に入れることができる。子どもたちの給食のために、黙々と食器を洗う人は、社会に対する貢献が低いがゆえに所得が少ないということになる。このように市場で少ない所得しか稼ぐことのできない者は、社会に貢献する努力をおこたる怠け者であると、新自由主義者はレッテルを貼るのである（神野二〇一〇：一五二）。

（2）分かち合いを好む人間

このような競争原理の反対概念が分かち合いの原理である。競争原理は、他者の成功が自己の失敗となり、他者の失敗が自己の成功となる組織を求める。それに対して分かち合いの原理は他者の成功が自己の成功となり、他者の失敗が自己の失敗となる協力原理に基づく組織を要求する。

この分かち合いの原理は次の三つの要素から構成される。第一は、存在の必要性の相互承認である。どのような人間も社会にとってかけがえのない存在であり、どのような人間でも相互にその存在を必要としている。第二は、共同責任の原理である。全ての社会の構成員が共同して責任を負うということである。第三は、平等の原理である。全ての社会の構成員が平等な権利と責任を負うことが分かち合いの前提条件となるのである（神野二〇一〇：九八―一〇〇）。

家族を想定すれば容易に理解できるように、構成員の誰かが不幸になれば、自己も不幸になるような関係が社会システムには存在している。このように、人間の幸福は奪い合うものではなく、分かち合うものである。喜びを分かち合うことができれば、喜びを分かち合ってもらった者だけではなく、喜びを分かち合った者も幸福を実感する。人間が幸福だと実感する時は、自己の存在が他者にとって必要不可欠な存在だと実感できた時だからである（神野二〇一七：二〇―二一）。

自分の取り分を分け与えることで幸福になることが、カナダのサイモン・フレーザー大学のラーラ・アクニン博士らが二〇一二年に行った実験で示されている。二歳未満の幼児が参加したこの実験では、幼児はお菓子をもらうことより、与えることのほうに喜びを感じることがわかった。さらに、単にお菓子を与えるより、自分の持ち物を分ける時のほうが、喜びが大きいことが明らかになった。こうした実験から推察されるのは、他人の利益になる行動を促す利他的な心理が、人間に内在しているのではないかということである（石川二〇一四：二一〇）。

（3）社会的孤立が進む現在

社会関係資本が豊かな社会は孤立した人をつくらない包容力のある社会である（稲葉二〇一一：

四九）。だが日本は、主要先進国の中で最も社会的孤立の割合が高い。社会的孤立とは、基本的に家族以外の者とどれくらい交流があるかに関するもので、日本の場合、そうしたコミュニケーションが極めて少ない。日本社会の場合、集団の「ウチとソト」あるいは「身内と他人」という区別ないし境界が強く、集団の内部ではしばしば過剰なほど気を使い、「空気」の中の同調的な行動が強くなるが、集団の外の者に対しては無関心か、潜在的な敵対性が基調になるという傾向が見られがちである（広井二〇一七：四六―四七）。

また、国際社会調査プログラムによると、社会的信頼度に関する質問（「他人と接する時には、相手の人を信頼してよいと思いますか。それとも用心したほうがよいと思いますか」）に対し、信頼できると回答した人の割合は、OECDに加盟する二十四カ国のうち日本は十九位だった（井手二〇一七a：二一三）。

不信感を持っている人が多いところほど、死亡率が高く、分断社会は健康に悪く、格差の大きい社会では、治安が悪く、殺人事件も多いのである（近藤二〇一〇：一三四―一四二）。逆につながりなどの社会関係資本が豊かであれば、病気になりにくく、長寿になる。社会的に孤立をすると、風邪さえもひきやすくなる。社交的な人はウイルスにさらされる可能性が高いにもかかわらず、風邪をひく確率は孤立した人より二割低くなる（Bartolini 2010=2018:250）。

予防医学者の石川善樹によれば（石川二〇一四：二）、つながりが少ない人は死亡率が二倍になる。つながりが単調な男子校出身者は早く亡くなる。お見舞いに来てくれる人の数で余命が変わる。女性が長生きなのはつながりをつくるのが上手なことも関係する。このようにたくさんのつながりを持つほど長寿であり、つながりが幸せ感を高めるのである。

三 グローバル化の中の正義

(1) グローバル正義論の台頭要因

現在、正義の観点からも貧困・格差の是正の試みが行われている。グローバル化に伴う時代の要請という実践的な背景のもと、グローバル正義論（グローバル・ジャスティス）が展開されている。例えば、テロや国際的な経済格差、民族紛争、破綻《はたん》国家の存在、難民の発生、地球環境問題、金融危機、労働力の移動など、国境を超えて深刻な影響をもたらす問題が次々に発生している。正義を国家間関係に適用するだけでは、グローバル化に伴う諸問題に対して限界があり、国家単位の利害を出発点とする従来の支配的な思考様式から脱して地球規模での正しさに関する何らかの理解を打ち立てる必要がある（石山二〇一三：二―三）。

グローバル正義論の問題は、今まで、南北問題、ネオ・コロニアリズム、従属理論、世界システム論という枠組みで議論されてきたが、哲学者のトマス・ポッゲらのコスモポリタニストは正義論の文脈で問題にした。グローバル正義論の問題は、特に現代のコスモポリタニストにとって特徴的な問題であり、過去のコスモポリタニストがあまり問題にしなかったものである。マルクス・キケロやイマヌエル・カントも戦争や平和に関する問題に取り組むことはあっても、国境を超えた財の再分配の提案は見られない。

グローバル正義論の問題を論じる際の大事なポイントは、第一に、配分的正義は、国内だけでなく、国際社会にも適用可能であるか。第二に、グローバル正義論は、国家間に関するものなのか、それとも個々人の境遇の改善に直結するものなのか。第三に、世界政府がない段階で、どのようにして配分的正義を実現していくのか。第四に、グローバル正義論の実現の義務が富める国にある場合、その根拠は何に求められるのかということである（古賀二〇一四：二三四）。

これらの問題は、コスモポリタニズムの観点から論じられることが多かった。しかし、現在のグローバル社会においては、貧困・格差・テロなどの世界的諸問題が台頭しており、正義の観点からそれらを解決していこうとする動きも強まっている。

(2) 貧困に関する比喩の問題

このような貧困問題を解決するための比喩として、「救命ボート」の例がしばしば出される。私たちは定員六十人の救命ボートに乗っている五十人であり、このボートが水中で泳いでいる百人に出会うというものである。選択肢として次の三つが存在する。第一は百人全員をボートに乗せる。第二はボートの空き定員十人だけ救い上げる。第三は誰も乗船させないというものである。

政治学者の伊藤恭彦によれば(伊藤二〇一〇：四七―四九)、地球の現状はこのような「救命ボート」の状況とは異なる。二〇〇五年の数字であるが、地球では二十億五千七百万トンの穀物が生産されている。年間一人当たり必要な穀物量を百八十キログラムとするならば、百億人以上を養える穀物が存在する計算になる。しかし、世界人口中約二割を占める富裕国住民が、世界の食料の半分以上を消費している。しかも単に消費しているのではなく、多くを廃棄しているのである。[2]

したがって、世界は「救命ボート」のような状況ではなく、次のような比喩が現実に近いのである。食料を満載し安全装置を完備した豪華客船が十分な乗船スペースを残しながら航海している。このような豪華客船数隻の周りには、中型船や小型船のみならずボートも航行している。さらに多くの人びとが溺れかかりながら泳いでいる。そして毎日五万人くらいの人が溺れ死んでいく。豪華客船からは時々周りの船や泳いでいる人に必要な物資が投げられる一方で、客船で毎晩行われるパーティーで余ったご馳走《ちそう》は海に廃棄される。このような状況はまさに不正義であろう。

哲学者のピーター・シンガーも比喩を使い、次のように主張する。富裕国の人びとの義務は、池で溺れている幼児を助け出す義務と同じである。溺れている幼児の避けられる死を回避することに対して、私が救出活動によって被る、服が汚れる、他にやりたかったことのための時間が削られるなどの被害は、非常に小さいものであり、それは貧困者を救うことにも同じようにに当てはまるのである。すなわち、悪いことが起こるのを防ぐ力が私にはあり、それに匹敵するほど道徳的に重要な別のものを犠牲にしないですむのなら、それを行うべきである（Singer 1993:229=1999:276）。シンガーは、キリスト教の聖職者の言葉を引きながら、貧しい人に何かを与える行為は、恵まれない人たちに分け与えているのではなく、その人のものをお返ししているだけだと主張する。全ての人たちのために与えられたものを、あなたが傲慢《ごうまん》にも自分のものにしていただけなのである（Singer 2015=2015：41）。

（3）能力の共有化

現在豊かで恵まれている人は、他者から奪った人もしくはその末裔《まつえい》であり、豊かな人は本人の努力のみでそのような状態になったわけではない。生まれ落ちた先が劣悪な状況であり、本人の努力でどうすることもできない場合がある。それを運命という言葉で覆い隠すのではなく、改善する必要がある。豊かな社会に生まれ落ちた人びとは、自らのライフスタイルを低下させることなく、大量廃棄等を改め、配分をきらんとやれば、多くの人びとを救える可能性がある。

現在、正義論の議論が盛んであり、その観点から配分的正義や能力の共有化を説く論者として哲学者の岩田靖夫がいる（岩田二〇〇八：一七五―一九七）。同じ地球上に多くの人が住む時に、ある人は運命の偶然により、気候の良い土地に住み、豊かな地下資源に恵まれ、その結果、鋭い知性を育《はぐく》み、それらの卓越性のために文明を発展させ、巨大な富を蓄える。しかし、他方には、同じく運命の偶然により、厳しい気候の下に、荒れ果てた土地に住み、極めて貧しい生活を強いられている人がいる。この運命的不平等の除去のためにこそ、人類は全力を挙げるべきであろう。

配分的正義とは、「各人がおのおのの価値（功績、仕事）に比例して財貨を取得するのが正義である」という思想である。だがこの正義論は根本において能力主義である。この観点から見れば、正義とは過酷なもの、残酷なものである。多くの人間、国家は運命によって課せられたこの不公平の下で、怨念を押し殺してうめいている。それでは救われない人たちのために、万人に自由な活動を確保しながら、公共の福祉という社会構造を介して、富裕者を社会的弱者に奉仕させ、それによって可能な限り多くの人びとの平等を実現しようということが必要であろう。公共の福祉という社会構造を通して、強者が弱者に奉仕する。これが現代の正義論がたどり着いた一つの結論である。

このように自由競争社会において、大きな能力によって大きな成果を上げた者は、個人であろうと国家であろうと、運命的な悪条件のために成果を上げ得なかった弱者に、その成果（富、知識、技術等）を奉呈《ほうてい》する必要がある。その具体例として、次章でも扱う累進《るいしん》課税、社会福祉政策、途上国への無償援助、ボランティア活動などが挙げられよう。

能力は個人の努力によってつくり上げられたものであると考えがちだが、能力は個人のものではなく社会の共有財産でもある。様々な偶然によって高い能力を得た者はそれを共有財産として、社会に還元する義務がある。このような考え方は多くの宗教にも見られ、例えば、マタイによる福音書二十章には、一日中働いた者にも、夕方から働いた者にも同じ賃金が払われるとある(3)(『聖書　新共同訳　旧約聖書続編つき』一九八七年：マタイによる福音書二十章)。岩田によれば、朝早くから雇われた者とは、力の強い役に立つ者であり、夕方になっても誰も雇ってくれないので広場に立っていた者とは、虚弱や老齢やその他様々な阻害要因によって、雇用対象外として放置された人びとである。イエスは能力万能主義の社会に怒りを爆発させ、個人的な怠惰《たいだ》ではなく何らかの要因により能力を発揮できなかった者に対し温かいまなざしを向けている。

章のまとめ

最近、SDGsの取り組みが注目されており、それらが一つの目標になっている。SDGsにも書かれているが、教育への投資が貧困・格差是正のために非常に重要であり、乳幼児からの投資により、スタートラインの平等性が担保できる。

現在、社会関係資本が弱体化しており、絆や分かち合いが減少し、分断、憎悪や対立が世界的にも強くなってきている。

紛争やテロなどの問題を解決するためにも、再分配機能を強化し、私たちの大量生産・大量消費・大量廃棄社会をもう一度反省すべきであろう。

第七章　貧困・格差の解決への政策

はじめに

現在、日本のみならず世界において、貧困・格差が拡大し、分断・憎悪・対立が表面化している。本章では、貧困・格差を是正するための具体的政策として、ベーシック・インカム、ベーシック・サービスとグローバル税制を取り上げて分析し、富の再分配によって公正で平等な社会を目指すことを展望する。

一　ベーシック・インカムの可能性

(1) ベーシック・インカムとは何か

日本における公的扶助支出額のGDPに占める比率は、わずか〇・三％で、OECD諸国の平均二・四％の約八分の一と極めて小さい。生活保護の捕捉率は、多くの国では五〇％を超えているが、日本は二〇％前後である（原田二〇一五：二一―二五）。さらに生活保護以下の水準で暮らしている人は、人口の一三％も存在する（原田二〇一五：二一―二五）。このようなゆがんだ状況を改善し、現在の貧困問題を解決するための一つの方法として、ベーシック・インカムがある。

ベーシック・インカムとは、全ての人に最低限の健康で文化的な生活をするための所得を給付する制度である（原田二〇一五：i）。ベーシック・インカムの名前には、人びとの基本的必要を満たすに足るという意味と、それが基本的人権の不可欠の要素であるという二重の意味が込められている。この思想的背景には、生きていること自体が報酬という考えや、私たちが現在享受している社会の富が、現在の私たちの労働からだけでなく、過去の世代の労働の遺産からも成り立っていて、その分は私たち全てが平等に継承できるという考えがある（山森二〇〇九：六七—六八、一二二、一六）。

ベーシック・インカムは、原理的には現金を一律に給付するだけの単純な仕組みである。基礎年金や雇用保険、生活保護もベーシック・インカムに吸収してしまえば、「消えた年金」問題も「水際作戦《みずぎわ》」などと称して行政が生活保護申請を突っぱねることもなくなる。つまりこの考えは、行政機構としては小さい政府を実現しつつ、所得保障を強化するものなのである。それゆえベーシック・インカムは、これまで「左派リバタリアン」と呼ばれる人びと、つまり社会的平等を実現しつつ、同時に政府の恣意的《しいてき》介入に強い警戒心を持つ人びとによって提唱されてきた。だが興味深いのは、さらにここに来て、小さな政府を実現するとしてきた新自由主義者の中からも、ベーシック・インカムを提唱する論者が現れていることである（宮本二〇〇九：一三七—一三八）。

（2）ベーシック・インカムのメリット

ベーシック・インカムが導入されることによるメリットとして次のような点が考えられる

（山森二〇〇九：一〇一一一、木村二〇一三：六六、伊藤二〇一一：一一二、菊池二〇一〇：一〇〇一一〇三）。全ての人に支給されるので、生活保護を受けられずに餓死することも、年金に関する諸問題もなくなる。生活保護の申請や受給の際の恥辱《ちじょく》や後ろめたさから逃れられる。従来型の社会保障では、受給者は賃金所得が増えると給付が打ち切られる恐れがあり、そのため就労の意欲が上がらなかったが、それがなくなる。生活保護等の受給資格審査や不正受給摘発などが不要になり、社会保障がかなり一元化できるので、管理費を大幅に削減できる。労働者は過労死する前に仕事を辞められ、企業も社会保険の負担から解放され、ワークシェアができるので、雇用が増える可能性がある。家事労働や子育ても報酬という形で評価される。ワークライフバランスが向上し、生存権もより保障され、出生率が上がる可能性がある。NPOや地域活動などの自主的市民活動が活発化し、地方での民主主義へ参加する余裕が生じ、自己実現社会がもたらされるため、コミュニティー連帯のためのベーシック・インカムともなる。

また、環境の観点でも、ベーシック・インカムは重要視されている。生産力主義を批判的に乗り越える脱成長主義やポスト生産力主義の政策であることにより、経済成長の鈍化を促進し、共有資源の平等なシェアリングなどをすることにより、環境保全の立場に立つことができる（片山二〇〇八：六二―六七）。

（3）ベーシック・インカムの具体案

それでは経済学者の原田泰による実際のベーシック・インカムの給付案を見ていく（原田二〇一五：一一八―一二三、一三五）。二十歳以上に月七万円、二十歳未満に月三万円給付するには、九十六・三兆円の予算が必要である。その財源として、所得税の税率を三〇％にすると、七十七・三兆円の税収が見込まれる。九十六・三兆円から七十七・三兆円を引いた十九兆円と、減収になる現行の所得税収入十三・九兆円を足した三十二・九兆円が不足する予算額となる。それに対して、老齢基礎年金十六・六兆円、子ども手当一・八兆円、雇用保険一・五兆円、合わせて十九・九兆円がベーシック・インカムによって廃止される。さらに、公共事業予算五兆円、中小企業対策費一兆円、農林水産業費一兆円、民生費のうち福祉費六兆円、生活保護費一・九兆円、地方交付税交付金一兆円、合わせて十五・九兆円が削除可能となる。これを計算すると、十九・九兆円（廃止される社会保障費）と十五・九兆円（その他の福祉費等）の合計額から三十二・九兆円（必要な予算額）を引いた二・九兆円が黒字となる計算になる。さらに、子どもも含む国民全員に月八万円の給付にすると、所得税率は五〇%に上げる必要がある。

フェイスブック共同創業者のクリス・ヒューズによれば、アメリカの全ての成人に月五百ドルを与え、富裕層に対する増税と適度な赤字支出でその財源を賄《まかな》う場合、アメリカ経済は今後八年間で七%成長する可能性がある（Hughes 2018=2019:189）。

（4）ベーシック・インカムの課題

このベーシック・インカムによって全ての問題が解決するわけではなく、次のような批判が予想される。この制度により人は働かなくなるのではないかということである。しかし所得税が高いと勤労意欲が薄れると言うのであれば、累進《るいしん》課税率が高かった一九八〇年代に高額納税者は勤労意欲が薄れたかというと、そうではなかった。また、毎月一定の収入があると、働かなくなるとの意見もあるが、よりよい生活を求めてさらに収入を得る人も多くいるであろうし、そもそも最低の収入で自分なりの生活をすることも自由であろう。仕事は全ての人にとって人生の目的ではなく、また社会の富を生み出すものは労働のみではない。

もし「働かざる者食うべからず」であれば、働けない人びとに差別が集中するかもしれない。

だが、そもそも親の財産は子どもが稼いだものではないので、「働かざる者食うべからず」の論理から言えば、金持ちの家に生まれ不労所得で暮らす人びとこそ糾弾されるべきであろう。

また、最近ではワークライフバランスも叫ばれ、労働者の長時間労働も問題となっており、日本人の労働時間は諸外国と比べて長いので、むしろもっと働かなくなったほうがよいのである。ベーシック・インカムが労働を阻害するのではなく、むしろ促進するとの意見もある。生きるための労働ではなく、楽しみのための労働は生産性が高くなる。ベーシック・インカムにより義務的な労働が減る可能性があるので、むしろ生産性が高くなるかもしれないのである（山森二〇〇九：一四二、一八四、二七五、一六七）。

二　ベーシック・サービスの可能性

（1）ベーシック・サービスとは

前節でベーシック・インカムの可能性を見てきたが、ベーシック・インカムの最大の問題点は、受け取った現金を、例えば飲酒やギャンブル、借金の返済で消費してしまった人びとの生存・生活が、完全な自己責任となるということである。つまり、究極の自己責任社会が生み出されてしまう。また、現金給付の問題点として、受益と負担の関係が可視化されるということもある。自分より負担の少ない人たちが自分と同じ現金を得られることに対して、多くの人びとが反発する可能性がある。

しかし、ベーシック・サービスのようなサービス給付の場合、自分の受益は可視化されず、必要な人しかサービスを利用せず、したがって、全ての人びとに現金を配るベーシック・インカムよりも少ない財源ですむ（井手他二〇一八：二三〇―二三二）。

このようにベーシック・サービスとは、現金を渡すのではなく、医療、介護、教育、子育て、障がい者福祉といったサービスについて、所得制限をはずしていき、できるだけ多くの人たちを受益者にするものである。

私たちは、誰もが、生まれた瞬間に育児のサービスを必要とし、そして保育のサービスを必要とするようになる。教育は誰もが必要であり、誰だっていつ障がいを持つようになるかわからない。一生病気をしないという人はいない。年をとって介護を絶対に受けなくてすむと断言できる人はいない。全ての人びとが必要とする、あるいは必要とする可能性があるのであれば、それらのサービスは全ての人に提供されてよいはずである。またそのサービスは、人びとが安心して暮らしていける水準を満たす必要がある。

先進国において、例えば、イギリスやカナダでは、医療費は所得にかかわらず無償化されている。ヨーロッパの多数の国では大学の学費も無料が多い。保育や幼児教育の自己負担を見ても、ラトビアとアメリカを除けばOECD加盟国のほとんどが日本よりも公的負担が大きい。こうした事例にならいながら、少しずつ所得制限を緩和し、無償化ないし負担減の領域を拡大することが重要である（井手二〇一八：八三―八四）。

(2) ベーシック・サービスのメリット

全ての人が税を負担しながら、ベーシック・サービスを保障し合う、この「みんなの税をみんなのために」という方向性には様々なメリットがある（井手二〇一八：八五―八七）。

第一に、中高所得層が負担者から受益者に変わる。痛みと喜びを分かち合い、あらゆる人びとを将来の不安から解き放つための仕組みができれば、中高所得層はその政策に反対したり、低所得層を攻撃したりする理由を失う。所得制限をはずし、誰もが受益者になるということは既得権益者がいなくなるのである。

第二に、多くの層が受益者になる社会では、低所得者の厳しい状況を理解し、彼らのためのサービス拡充を求めたほうが多数の中間層自身の生活の安定につながっていくので、中間層も低所得者との新しいつながりを育《はぐく》むことができる。

第三に、他者への理解、差別感情の減少、絆の増大といった社会的信頼度も上がる。サービスの自己負担が少ない北欧諸国を見ると、社会的信頼度が先進国の中で最高水準にある。それは彼らが善良な人間だからではない。受益者の範囲を広げ、他者を信頼したほうが自分のメリットになるメカニズムを生み出しているからである。

第四に、この制度は低所得者の心のあり方にも及ぶ。いかに自分が貧しく、働く能力がないかを告白して、生活保護に救済されるという社会ではなく、誰もが堂々と生存・生活に必要なベーシック・サービスを受けられる社会になる。所得の平等化だけでなく、人間の尊厳を平等化するという視点は極めて重要である。

第五に、所得制限をはずしていけば、現在、所得審査に費やされている行政職員の膨大な事務を大幅に削減できる。

第六に、結果的に所得格差が小さくなるということである。年収が二千万円の人に百万円分のサービスを給付すると五％の受益でしかないが、年収二百万円の人にとっては五〇％の受益になる。このように年収二千万円の人は二千百万円に、年収二百万円の人は三百万円になるので、所得格差が是正されるのである。

(3) ベーシック・サービスの試算

一年間の国民の自己負担額は、幼稚園・保育園で八千億円、大学教育で三兆円、医療で四・八兆円、介護で八千億円、障がい者福祉で数百億円となっており、総額で九・五兆円である。もしこれらを、完全無償化するのであれば、サービスの利用者が増えるので、より多い財源が必要となる。大ざっぱに試算すると、これらを完全無償化にするためには、約十三兆円が必要となる（井手他二〇一八：二三一―二三二）。

経済学者の井手英策は、「貯《た》めこんでいる層から奪い、貧しい人びとを救済する」というロジックに賛成する気持ちは強いとしている。所得税の負担率は所得が約一億円を超えると下がり、金融資産課税の税率も低い、さらにはタックス・ヘイブンのように富裕層の租税回避も大きな問題となっている。しかしそれのみでは、貧困層と富裕層の分断が進んでしまうので、「敵意と憎悪」から「痛みの分かち合い」への思想的転換が必要である。井手は、富裕層に対して、「貧しい人たちだって納税しているのだからあなたたちも応分の負担を」と説いている（井手二〇一八：一三八―一三九）。

井手は基本的に消費税の増税を財源に充《あ》てている。消費税を一％増税すると約二・八兆円の税収を生む。先ほど述べた自己負担額の解消に九・五兆円、完全無償化に十三兆円、さらに住宅手当の拡充に一兆円、子どもの貧困対策に一兆円、幼保職員・介護福祉士の処遇改善に二・二兆円の財源を見込む。この点を勘案すると、自己負担の解消であれば四％強、完全無償化と様々な改善をフルセットで実施すれば七％強消費増税が必要となる。さらに基本的財政収支の赤字を解消する財政再建のためには、八・七兆円必要なので、それも考慮すると消費税三％強の財源が必要となる。したがって、消費税率は、自己負担を解消する四％強から、財政を健全化しつつ、様々なサービスの拡充を目指す一一％くらいの範囲内で引き上げる必要がある[1]。

この提案は大増税に聞こえるかもしれないが、一一％の消費増税を実施してもなお、税と社会保険料を合わせた国民負担率はOECD諸国の平均程度でしかない。

この消費税にその他の税の増税を組み合わせると、次のようになる。法人税の場合、税率一%あたりで約四千億円から五千億円の税収が得られる。法人税率を五%から六%くらい引き上げれば三兆円弱の財源となる。金融資産税の税率を現在の約二〇%から五%ほど引き上げれば約二千億円から三千億円の財源が得られるし、相続税を五%上げれば五千億円程度の税収が見込める。所得税の場合、七つの税率をそれぞれ一%ずつ上げれば一・一兆円の増収である。このような課税をうまく組み合わせていけば、消費税の上げ幅を抑制することが可能になる（井手他二〇一八：二三八―二四一）。

三　グローバル税制による再分配

（1）グローバル税制の可能性

世界においてこれだけ様々な局面でグローバル化が進んでいるにもかかわらず、グローバルな税制が存在していない。グローバル税制があれば、貧困・格差、環境問題、感染症や紛争など多くの問題に資金を充てることができ、問題解決に大きな役割を果たすことができる。

グローバル税制とは、地球社会を一つの「国」と見なして、地球規模で税制を敷くことである。具体的には、世界規模で課税に関する情報を共有してタックス・ヘイブン対策をして、国境を超えた革新的な課税を実施し、課税・徴税・分配のための新たなガバナンスを創造することである（上村二〇一六：八七）。

日本における「グローバル連帯税推進協議会」は次のような五つの課税原則を明示している（上村二〇一六：一〇三―一〇五）。第一は負荷者負担原則であり、グローバルに負の影響を与えているセクターや組織に課税される。例えば、世界金融危機を引き起こした金融セクター、温暖化や感染症の拡散に関わる国際交通セクター、環境破壊などのコストを外部化している多国籍企業、租税回避を促進するタックス・ヘイブン、軍事、エネルギー産業などが挙げられる。第二は受益者負担原則であり、グローバル化の恩恵を受けているセクターや組織が課税される。これには、金融、国際交通、多国籍企業、情報通信、エネルギーセクターなどが含まれる。第三は担税力原則であり、税を支払う能力が高い人、組織、セクターが課税される。このカテゴリーには金融、多国籍企業、情報通信、富裕層などが入る。第四は消費税負担原則であり、消費税を負担していない金融、国際交通、情報通信などのセクターや組織に課税される。第五は広薄負担原則であり、グローバル化の恩恵は世界の多くの人が受けているので、恩恵の受け手も手数料や利用料を通じて、広く薄く負担すべきであるという原則である。

二〇一五年の「グローバル連帯税推進協議会最終報告」の試算によれば、ミレニアム開発目標や持続可能な開発目標に挙げられている地球規模課題を解決するために必要な資金は、少なくとも年間約百十九兆円と想定している。タックス・ヘイブンに秘匿《ひとく》されている個人資産に課税できれば年間二十一兆円から三十一兆円、多国籍企業に課税できれば年間十一兆円から二十六兆円の税収が上がる。このタックス・ヘイブンからの税収と様々なグローバル税制による税収の合計は二百九十五兆円である。地球規模の問題解決のための倍以上もの資金が理論上は得られるのである（上村二〇一六：一〇七―一〇九）。

(2) トービン税と国際連帯税

それでは、どのようなグローバル税制が具体的に考えられるかを、次にいくつか挙げてみる

（志賀二〇一三：八一、二一二―二一一、伊藤二〇一〇：一八一―一八七、上村二〇一六：一三七―一五五）。

ノーベル経済学賞受賞者のジェームズ・トービンは、一九七二年にトービン税を提唱した。トービン税とは、国境を超えるクロスボーダーの通貨取引に課税して、投機マネーの過度の国際間移動や投機的な取引にブレーキをかけようというものである。

トービン税とやや似たものである金融取引税の導入がEUにおいて検討されている。金融取引税は、金融危機を引き起こした金融機関救済のために多額の公的資金が注入されていることに注目して、金融機関に貢献を求めることを目的としている。また、金融取引税を実施すれば、取引すればするほど費用がかかるので、一秒間に千回以上のような投機的な取引は抑制され、マネーゲームに制限をかけられる。

国際連帯税は航空券税とも言われ、近年注目を集めている。二〇〇五年に、ブラジル、フランス、チリ、スペイン、アルジェリアの六カ国が導入を発表した。この税は、税の導入国に属する航空会社が、国際線の航空券代に、エコノミークラスが五ユーロ、ビジネス・ファーストクラスに二十ユーロの税を上乗せするものである。現在、十四カ国の参加により実施されている。

アメリカにはシティズンシップ課税という方法がある。日本など多くの国は居住者課税制度であり、日本国籍を持つ者であっても、日本に居住していなければ所得課税はされない。だがアメリカでは居住性に着目することなく、国籍ベースで所得課税する仕組みがある。また、国外に移住する時には出国税が課税されて、出国による課税逃れを防ぐ税制もアメリカをはじめいくつかの国には存在している。これらはタックス・ヘイブンに資産を逃して税を払わないことへの予防線ともなっている。

(3) 地球資源税と炭素税

正義論の代表的論者であるポッゲが提唱したものに地球資源税がある。地球資源税は資源保有国に自国内の資源の所有と管理権を認めるが、採掘した資源に比例して課税するというものである。この税は最終的に資源消費国に帰着するから、資源保有国が不利になるわけではない。その意味で地球資源税は消費に対する税であり、さらに土地の利用や大気汚染と水質汚濁《おだく》に対しても地球資源税を課すとしている。一%の税率で年間約三十兆円の税収があると試算されている。

地球資源税の一種である日本の炭素税は、ガソリン一リットル当たり〇・七六円で、スウェーデンは三十八・七円である。現在の炭素税収は、日本は約二千六百億円でスウェーデンは約三千四百億円であり、GDP比率における炭素税収は、日本〇・〇五％、スウェーデン〇・五九％である。もし日本がスウェーデン並みの比率にしたならば、日本の炭素税収は三兆円以上となる。これくらいの税収規模になると、環境負荷の低減だけでなく、社会保障財源として一定の役割を果たすことができる（伊藤康二〇一七：七七）。

（4）様々なグローバル税制

ジニ係数を見ると、年間収入は〇・三一一であるのに、貯蓄は〇・五七一、住宅・土地資産額は〇・五七九となっており、所得よりは金融資産や土地等の格差のほうが大きい（広井二〇一五：一六八―一六九）。ピケティも、格差拡大を是正するには所得のみならず資産への課税が必要であるとして、グローバル累進課税を提起している。対象となる資産は金融資産のみならず、不動産、事業資産など広く設定されている（Piketty 2013＝2014）。

グローバル化の恩恵を最も受けている多国籍企業に対して、受益者負担として多国籍企業税を課すことも考えられている。また、多くの多国籍企業はタックス・ヘイブンを使って課税を逃れているので、一般の納税者との間で公平性を欠いている。公平性を担保することに、多国籍企業税の課税根拠が認められている。世界の多国籍企業千社の利潤に二五％の課税を行うと、二十二兆円の税収が見込まれる。

平和の分野でもグローバル税制があり、それが武器取引税である。これは武器の取引ごとに課税を行うことで武器取引を抑制しつつ、税収を兵器の解体や平和構築に分配していく構想である。武器取引の拡大は国際紛争の増加をもたらし、グローバル社会に負の影響を与える。したがって武器貿易条約に基づき、武器取引に関する情報が収集されることによって武器取引への課税が可能になれば、新たな税収となるとともに、武器移転を低減できる可能性がある。

サイバー空間において各国が共通の価値観に基づき適正な規制を導入し、サイバー空間を利用すると税金を課すサイバー税も考えられる。サイバー空間では、一定率で定額の空間利用税と、取引額など利用規模によって変動する事業税の二種類が考えられる。例えば、アマゾンのような通販サイトは事業税の対象であり、その取引量に比例した事業税が発生する（深見二〇一七：一八五―一八六）。

ジャンクフードやソフトドリンクによる脂肪やカロリーの過剰摂取、問題飲酒、喫煙などが低所得層に多いことに着目して、脂肪税やソフトドリンク税、アルコールやたばこの最低価格引き上げなどが国家を超えて検討され、一部では実際に導入されている（近藤二〇一七：二二五）。

このような様々なグローバル税制により、環境や平和に負荷をかけている組織や富裕層から徴収し、経済的再配分をしながら、地球的諸問題の解決を図るべきであろう。

章のまとめ

地球社会の平和と幸福のためにも、格差是正や富の再分配が望まれる。その一つの方途として、ベーシック・インカム、ベーシック・サービスやグローバル税制が考えられる。日本のみならず、世界において富の再配分を行い、より公正・平等な社会をつくり、分断・憎悪・対立を低減化する必要があろう。

これらの税制は諸国家が協力し、しかるべき国際機関が主体となる必要があり、諸国家共存の基盤の上に、連帯する必要がある。

第八章　コスモポリタニズムの可能性

はじめに

本章では、貧困・格差や分断・憎悪を超克するために、正義や倫理の問題を扱う。今まで見てきたように、貧困・格差の問題は国単位ではなく地球全体で見て、富の再分配を行い、対立や争いを回避する必要がある。しかし、現在、世界中で内向き志向が強くなり、様々な局面で分断や排斥が見られる。このような状況だからこそ、民族や国家ではなく地球単位で世界を見るコスモポリタニズム（世界市民主義）が重要になっていくであろう。

本章では、まずコスモポリタニズムの歴史を瞥見《べっけん》した上で、それらをめぐる論争を考察し、コスモポリタニズムとコミュニタリアニズムの架橋《かきょう》を試み、将来の世界政府の可能性を展望する。

一　コスモポリタニズムの議論と展望

(1) コスモポリタニズムの定義と歴史

コスモポリタニズムとは、全ての人間がその民族的・国家的な帰属にかかわらず、人類という一つの共同体に属する市民であるという考えであり、人を何よりもひとりの人間として扱う態度のことである（河野二〇一五：一）。

コスモポリタニズムは、人類共同体を理念として国民国家の排他性を克服しようとする道徳的コスモポリタニズムと、実際に国民国家を超えて人類共同体の法制化を目指す法制的コスモポリタニズムに分類できる（古賀二〇一四：二）。

コスモポリタニズムの用語の起源は大きく分けて、ソクラテス（前三八四～三二二）と古代ギリシアの哲学者のディオゲネス（前四一二?～三二三）の二つの起源がある（伊藤二〇一八：八三）。

古代ギリシアの哲学者のエピクテトス（五〇頃～一三五頃）によれば、「どの国の人かとたずねた人に対して、ソクラテスは、アテナイ人であるとか、コリントス人であるとかは決して言わずに『世界人（コスミオス）である』と答えた（アッリアノス『語録』第一巻九章一―二節）」とある（朴二〇〇九：二八）。シノペ（現在のトルコのシノップ）のディオゲネスは、どこの市民かと尋ねられ、世界市民と答えたとされる（ディオゲネス一九八九：一六二）。

しかし、世界市民が積極的に語られるようになったのは、ヘレニズム時代であろう。ヘレニズム時代とは、前四世紀後半のアレクサンドロスの東征から、紀元前三〇年のローマによる地中海世界統一までの約三百年である。ヘレニズム以前は、政治共同体の単位は城壁で囲まれたポリスであり、「人間はポリス的動物である」という言葉に明らかなように、ポリスこそが中心であった（古賀二〇一四：一三、一五）。ポリスにもコスモポリタニズムの萌芽《ほうが》はあったが、古代のポリスが衰退し、帝国が登場するヘレニズム時代にコスモポリタニズムは大きく花開いたのである。

コスモポリタニズムの概念は、ディオゲネスの弟子たち、およびその後のヘレニズム期から紀元後のローマ時代にかけて、ストア派の哲学者たちに受け継がれた（朴二〇〇九：三）。ストア派のコスモポリタニズムがリアリティーを持ったのは、ローマ帝国という実体があったからであり、単なる哲学的規範理論の帰結ではなかった。「ローマの平和」を実現し、征服した他国民に市民権を与えることにより、様々な民族や習慣を超えた世界市民を形成していったのである。その後の中世のコスモポリタニズムは、基本的にはキリスト教共同体のそれであり、非キリスト教徒、キリスト教の異端、イスラーム教徒には排他的であった（古賀二〇一四：二七、三〇）。

さらに近代になってカントにより、コスモポリタニズムが彼の政治論・平和論に組み入れられた（朴二〇〇九：三）。カントのコスモポリタニズムでは、人権が尊重され、権力の分立が保障され、代議制によって運営されている政治体制を前提としている。また、カントは世界政府ではなく、自由な諸国家連合を提案している[1]（古賀二〇一四：五三―五四）。

第一次大戦後のデモクラシーの進展や国際連盟の成立に刺激を受けて、両大戦間期は、法制的コスモポリタニズムが強くなった。最近の議論も、道徳的コスモポリタニズムのみならず、法制的コスモポリタニズムが盛んになっているが、目指すところは世界政府ではなく、世界政府なきグローバル・ガバナンスであり、哲学者のユルゲン・ハーバーマス、政治学者のデイビッド・ヘルド、哲学者のマーサ・ヌスバウムはこの立場に近い。また、国際政治学者のチャールズ・ベイツや哲学者のトマス・ポッゲなどのように、グローバルな財の再分配にも議論が及んでいる（古賀二〇一四：五七―六〇）。

このようにコスモポリタニズムは古代ギリシアで誕生し、民族や国家などの共同性を超える世界市民を目指すものであり、理念としての人類共同体を志向する道徳的コスモポリタニズムや具体的な人類共同体をつくる法制的コスモポリタニズムがある。最近では、世界政府などの議論はあまりされず、世界的な貧困・格差を是正する富の再配分に焦点が当てられている。

(2) コスモポリタニズムの論争

コスモポリタニズムは、道徳そのものは普遍的であり、人種、ジェンダー、能力などにかかわらず、あらゆる人を平等に処遇すべきだとの倫理的主張である(Shapcott 2010=2012:9)。

ポッゲによれば、どのコスモポリタニズムも次の三つの要素を共有している。第一は、国家や集団ではなく個人を究極的関心とする個人主義である。第二は、その個人には世界中の誰もが包含されるという意味での普遍件である。第三は、こうした個人は誰にとっても究極的関心の対象と見なされるという一般性である(Pogge 2008=2010:265-266、神島二〇一八:一九〇、上原二〇一一:一七五)。

このようなコスモポリタニズムに対して、様々なアンチ・コスモポリタニズムが存在する。

古賀はこのことに関して、アンチ・コスモポリタニズムを四つに分類し、アンチ・コスモポリタニズムの主張を誤解として一定の批判を加えている（古賀二〇一四：二一五）。

第一に、コスモポリタニズムが具体的な地域や民族といった特殊的なものに対する帰属感を否定するので、ユートピア的で非現実的であるとの批判である。アンチ・コスモポリタニズムは、人類はそれぞれ固有の基準を有する別々の共同体の集合として理解すべきであり、共通の道徳など存在しないと主張する（Shapcott 2010=2012:9）。これらの主張は、コミュニタリアンのものであり、道徳的基準はそれが生じた特定の集団にしかないとの「文脈主義者」的立場である（Shapcott 2010=2012:61）。

このように、コスモポリタニズムの現実的な問題として、家族や友人と同等に見ず知らずの人びとにも特別な配慮ができるのかという課題が存在する。このようなアンチ・コスモポリタニズムに対して、古賀は正面から批判は加えず、ある程度その主張を受け入れている。もちろん近しい人への親密性を国家のみに還元して、戦争などへの動員をはかるのは論外であるが、万人に対する無差別の道徳的配慮を、人びとに要求することはなかなか難しい側面があろう（松元二〇〇五：一七五）。

第二に、世界政府ないし世界国家を要請するという点でもコスモポリタニズムが批判の対象になる。さらにコスモポリタニズムと帝国主義を同一視するようなものもある（Shapcott 2010=2012:26）。

しかし、コスモポリタニズムは必ずしも世界政府を要請するものではなく、むしろ今日においてはそのような主張はほとんど見られない。世界政府は中央集権的・画一的になりやすいので、文化的・政治的な多様性を危険にさらすという見解はコスモポリタニストの間では自覚・共有されている。

第三に、コスモポリタニズムが持っている排他的機能を指摘する論者は多い。「人類」という普遍的概念が引き合いに出されることによって、コスモポリタニズムの敵が「人類の敵」として抹殺《まっさつ》の対象にされかねないと主張する。過去のコスモポリタニストが前提としていた理性的で道徳的な人間という範疇《はんちゅう》から、女性や奴隷や非西欧の人びとが排除されてこなかったか、「人類」という概念が排除の論理となっていなかったかを自省することは重要であろう。このような見方は多元主義であり、コスモポリタニズムの普遍主義に異を唱え、同質性よりも多元性を尊重すべきであるとの主張である（Shapcott 2010=2012:80）。

さらにコスモポリタニズムの有するイデオロギー性も指摘できよう。コスモポリタンとは言うまでもなく、ギリシア語のコスモス（宇宙、秩序）とポリス（都市）を語源としている。したがってコスモポリタニズムは西洋の宇宙論と結びつき、西洋の姿を映し出しているのではないかという疑念がある。また、ローカルなものを軽視し、「普遍的」なものへの従属を強いる可能性も場合によっては存在する（Tomlinson 1999=2000:319-327）。

しかし、「人類」といった普遍的な概念を否定し、民族や国家を絶対化するイデオロギーこそ、様々な殺戮《さつりく》や戦争を生み出したことも歴史的事実であろう。多元性を認めた上での、共通点や同一の諸問題を抽出する普遍性も重要であろう。その上で、西洋起源のコスモポリタニズムであるとの自覚や自省が必要であろう。

第四に、世界市民という場合、そこに権利や義務が伴うはずであるが、世界政府がない以上、世界市民という言葉自体がナンセンスではないかというコスモポリタニズムに対する批判がある。

しかし、今日の国際人権法やＥＵの基本権憲章の進展に見られるように、たとえ世界政府が存在しなかったとしても、共通の人間性に基礎を置く道徳的コスモポリタニズムは、世界市民に権利と義務を付与する法制的コスモポリタニズムへと発展する可能性を含んでいるのである。

二　コミュニタリアニズムとコスモポリタニズム

(1) アンチ・コスモポリタニズムの代表格

コスモポリタニズムと対峙《たいじ》しているとされ、アンチ・コスモポリタニズムの代表格であるコミュニタリアニズムは、一九八〇年代以来、哲学者のマイケル・サンデル、アラスデア・マッキンタイア、チャールズ・テイラーらによって提唱された。いわゆる「社会主義の衰退」以降、現代社会はリベラリズム一色になり、個人の自由と権利は善に先行するものとして、他者に危害を与えない限り無条件に正義と見なされるようになった。コミュニタリアニズムはこうした時代に異議を唱え、共同体の存在は個々人を支える不可欠の前提であるとする。市場と国家が深く社会を侵食している現実に抗し、政治的にも経済的にも重要な領域としてコミュニティー(共同体)の再構築を唱えたのである(青木二〇〇二：三)。

このようにコミュニタリアニズムの主張は重要な側面もあるが、コスモポリタニズムが重要視する個人よりも、共同体に力を与える場合がコミュニタリアニズムにはある。集団に所属することが当然という理由で、集団の権利が個人の権利を上回り、個人を害することが歴史上非常に多かった（Shapcott 2010=2012:59,98）。

その意味で、日本においてはコミュニタリアニズムはしばしば伝統的な共同体主義として保守主義と見なされることがあるが、コミュニティー全ての成員の共通善を追求するものであり、自由主義と社会主義とは異なる第三の道を志向している側面もある（岩木二〇〇八：一四二―一四三）。しばしば、コミュニタリアニズムと国家の親近性が強調される場合があり、その側面は当然存在し、現在こそそれを乗り越えねばならないが、それとともにコミュニタリアニズムは国家を超えるもう一つの方途をも示しているのである。国家よりも下位の家族や地域などのコミュニティーとのつながりを重視し、身近な共同体への愛着を持ち、社会の紐帯《ちゅうたい》維持のための社会福祉を重視するのである。このようなコミュニタリアニズムの積極的側面を評価することも重要であろう。このように国家や民族に還元されないコミュニタリアニズムが待たれているのである。

（2）コミュニタリアニズムとコスモポリタニズムの架橋

コミュニタリアニズムとコスモポリタニズムの主張は両者とも重要な観点を包含しているので、今後はこの二つを排他的に捉えるのではなく、架橋する試みが待たれよう。

政治哲学者のリチャード・シャプコットによれば、人間は、生まれ落ちた共同体と人類共同体の双方に位置づけられている。したがって一方が他方に対して排他的であったり、道徳的責任をいずれか一方の共同体で使い果たしてしまったりしてはならない。つまりコスモポリタニズムというのは、友人や隣人に対する義務と、見知らぬ者や人類一般に対する義務とをバランスさせ、時には人類を最優先しなければならないという主張である（Shapcott 2010=2012:268）。

コミュニタリアニストで政治哲学者のマイケル・ウォルツァーらは、隣人や市民に対する共感や愛着を持ち得ない人間が、全人類を愛することができるのかと批判する。自分の子どもを愛し得ない親に全人類を愛しなさいと言っても無駄であろう。コミュニタリアニストは、身近な内側から他者の外側に対して愛のベクトルの円が描かれ、隣人意識や同胞意識が世界市民より先にあることを主張する（古賀二〇一四：三三八）。これらの主張も私たちの日常の意識や感情と符合するものであり、否定すべきではないであろう。

　コスモポリタニストであるヌスバウムも、ストア派から愛の同心円のモデルを継承しながらも、血縁、地縁、国家などのアイデンティティーを否定しなかった。ヌスバウムは次のように主張する。私たちは民族的なものであれ、性別に基づくものであれ、宗教的なものであれ、我々の特別な愛情や一体感を放棄する必要はない。私たちはそれらを皮相なものと考える必要はない。また、私たちのアイデンティティーは部分的にそれらによって構成されると考えてよい。私たちは教育においてそれらに特別の注意を払ってもよいし、また払うべきである。しかし私たちはまた、全ての人間を私たちの対話と関心の共同体に受け入れるように努めるべきである(Nussbaum 1996:9=2000:27-28、朴二〇〇九：一七)。

　ポッゲも一概にナショナリズムを否定してはいない。彼はナショナリズムを、個別主義的ナショナリズムと普遍主義的ナショナリズムに区別し、後者を支持している。前者がネーションに対する忠誠のみを主張する排他主義的・人種差別的イデオロギーであるのに対して、後者はネーションに対する忠誠と世界市民主義との両立を可能とする普遍主義的ナショナリズムとしている(Pogge 2008:125=2010:196、古賀二〇一四：二四六)。

コスモポリタニズムは必ずしも地域や民族、国家へのアイデンティティーを否定しているわけではなく、肯定するとともに超えていこうとしているのである。それと同時に、そうした帰属感やアイデンティティーが排他的なものにならないように、行き過ぎを規制するものである。

このように、コミュニタリアニズムとコスモポリタニズムは二律背反的なものではない。特にコスモポリタニストは両者の架橋を試みていると言ってもよいであろう。同心円の内からか外からかのアプローチの違いはあるが、現実の諸問題の解決に向けて、協力関係は構築できそうである。

(3) 世界政府の可能性

コミュニタリアニズムとコスモポリタニズムの架橋が試みられているが、世界政府[2]の議論は最近ほとんどされていない。第二次大戦後、核兵器の登場による人類の破滅を阻止するために世界政府樹立の機運が高まった（田畑一九九四：六七）。だが現在、世界政府は夢想のように思われ、コスモポリタニストですらほとんど議論をしていない。近い将来の世界政府の樹立は不可能であろうが、主権の発動としての戦争の回避や国民国家を単位としたウェストファリア体制の相対化の観点から、世界政府の議論は有効であろう。排他的な線引き志向、内向きの排外主義を超克するために、少なくとも世界政府の方向性は間違っていないであろう。

世界政府の考え方は、世界全体を統治する単独の政府を形成することが望ましいとする立場である。これに対して、現在の多くのコスモポリタニストは、圧政のリスクを回避するため主権の分散化を主張している。各地域の文化的、経済的、政治的自律性を承認している点、単一の軍事組織を持たない点、一人のリーダーによる単一の組織は必要とはしない点で、世界政府は現在の国民国家政府の単なる拡大版ではないのである。統一的権力は核兵器を抑止するための集団安全保障という限定的な役割を持っているだけであり、また重層的な立憲システムを強調し、可能な限り権限を下位の共同体に移譲することが望ましいとコスモポリタニストは主張している（伊藤恭彦二〇一七：一五四―一六二）。世界政府を現在の国民国家の延長上に考えるか、新しい世界共同体とするのかは、今後の課題であろう。

章のまとめ

これまでの平和学では、紛争などの現実的諸問題が中心に論じられ、コスモポリタニズムの論争などの倫理的側面が考察される機会は少なかった。

コスモポリタニズムとコミュニタリアニズムは、互いに二律背反的なものではなく、両者を架橋する試みがなされており、現実の諸問題の解決に両者の協力は不可欠であろう。世界政府の議論は近年ほとんどなされていないが、主権国家のもたらす暴力、排他的な線引き志向、貧困・格差の増大による他者に対する排外主義が大きな問題になっている現在、世界政府の有効性を少なくとも議論することは必要であろう。

今後、普遍の名による個別の排除でもなく、共同体の同胞のみを優先するのでもない新しい思考様式が必要であろう（押村二〇一〇：一一八）。グローバリズムとローカリズムを足したグローカリズムと同様に、コスモポリタニズムとコミュニタリアニズムを複合したコスモコミュニズム（宇宙共同体主義）の誕生が待たれる。それは、宇宙的視野のコスモポリタニズムと、国家や主権概念に収斂《しゅうれん》されないコミュニタリアニズムを基礎に置き、自律した個と市民社会などの中間集団と世界さらには宇宙的視野を見据えたこれら三者が、国家を超えて協同し結びつき、さらに将来的には世界政府を志向することが期待されよう。

【終 章】

転換期の現在——新しい思考と幸福

本章ではまず、地球的諸問題を取り上げ、現在が大きな転換点に立っていることを示す。次に、人間が自然や地球そのものを変えてしまっている現状を「人新世」の概念から考察し、また人間以外の視点から見ることにより、人間中心主義を相対化し、新型コロナウイルスの問題にも言及する。さらに、物質や効率中心の幸福ではなく、本来あるべき幸福観を述べる。最後に、今生きている私たちがいかに奇跡の存在であり、宇宙に遍満《へんまん》する全てのものが、もともとは宇宙のチリやガスから構成されるきょうだいのような存在であることを確認する。

一　地球的諸問題と転換期の現在

(1) 私的所有とアース・デモクラシー

貧困・格差が拡大する中で、大企業は環境を破壊しつつも利潤を上げ、対照的に第三世界や貧困層は負の遺産を受け継ぎ、貧しくなっている。哲学者のバンダナ・シヴァによれば（Shiva

2005=2007:12-74,199)、メディアは地球の健康や民衆の幸福よりも、「市場の健康」により多くの紙面を割《さ》いている。また、企業も金のない飢えた民衆を養うことに関心を払っていない。多くの大企業は、市場を拡大しながら、地域の健康的な食生活を破壊し、食・服装・交通の画一的文化を全世界で急速に進めている。企業グローバリゼーションは、共有地を囲い込み、豊《ほう》饒《じょう》の文化に代わって排除と強奪と欠乏の文化をつくり、あらゆる生き物、資源を商品に変えている。水、生物多様性、細胞、遺伝子、動物、植物など、ありとあらゆるものが私的所有物になっている。土地や大気、水は人間のものではなく、売り買いできないはずであり、人間中心の恣意的《しいてき》な私的所有から脱却する必要がある。

このような病んだ現代世界に対して、シヴァは、アース・デモクラシーを唱え、変革を主張している(Shiva 2005=2007:11,26,137)。アース・デモクラシーとは、平和と公正、持続可能性を求める政治運動で、地球をあらゆる生き物の共同体と捉える考え方である。民主主義をもっと広いものとして捉え、これまで排除されてきたものを包摂し、権利を奪われていた共同体、子ども、高齢者、囚人、そして地球上の多様な生物種を尊重するべきであるとする。アース・デモクラシーは、生命の永続的な再生を通して私たちを結びつけ、私たちの日常生活を、宇宙全体の生命にまで結びつけるものである。

(2) 三つの転換期

現在は多くの地球的諸問題を抱え、それらを変革する転換期でもある。公共政策研究者の広井良典も現在を第三の転換期と捉え、新しい地球倫理を主張している（広井二〇一五：一一一九）。

人間の歴史には拡大・成長と安定する定常化のサイクルがあり、定常への移行期においてそれまで存在しなかったような新たな観念ないし思想、あるいは価値が生まれた。つまり、物質的生産の量的拡大の時期があり、その後に、精神的・文化的発展へと移行するのである。生産の外的拡大に代わる新たな内的価値を提起し、外に向かっていた意識が、何らかの形で資源・環境的制約にぶつかる中で、内へと反転していくのである。

第一の時期は、現世人類（ホモ・サピエンス）が約二十万年前に地球上に登場して以降の狩猟採集段階の時期である。その後、今から五万年前に、心もしくは文化のビッグバンが起こり、定常化の時期を迎え、装飾品、絵画や彫刻などの芸術作品が一気に現れた。

第二の時期は、約一万年前に農耕が始まって以降の拡大・成長期である。その後、紀元前五世紀頃に定常化の時期を迎えた。この時期は哲学者のカール・ヤスパースの「枢軸時代」、文明史家の伊東俊太郎の「精神革命」の時期とも符合する。普遍的な原理を志向する思想、例えば仏教、儒教や老荘思想、ギリシア哲学、旧約思想などが誕生した。それらは共通して、特定のコミュニティーを超えた人間という観念を初めて持つと同時に、欲望の内なる規制という価値を説いた。

第三の時期は、産業革命以降ここ二百年から三百年前後の拡大・成長期である。そして現在、第三の定常化の時期を迎えており、様々な問題に対して、地球倫理の観点が生まれつつあるのである。

(3) 今後の地球倫理

広井によれば（広井二〇一七：六一―六二）、地球倫理とは、第一に、仏教やキリスト教、イスラームなどの普遍宗教をさらにメタレベルから俯瞰《ふかん》し、地球上の異なる地域でそうした異なる宗教や世界観が生じた風土的な背景までを含めて理解し、多様性を含んだ全体を把握するということである。第二は、普遍宗教ばかりでなく、自然信仰も再評価するということである。自然信仰とは、自然の中に単なる物質的なものを超えた何かを見いだす世界観で、自然や生命の内発的な力を重視するような自然観ないし世界観である。

さらに今後の具体的な社会の趨勢《すうせい》として、広井は、今までのエネルギー・情報の消費から、時間の消費になってくるとしている（広井二〇〇九：二六―二七、四二）。時間の消費とは、余暇・レクリエーションや文化に関するもの、ケアに関するもの、生涯学習など自己実現に関するもの等を指している。このように、今後は「私利の追求とパイの拡大による全体利益の増大」という発想から、「時間の再配分と社会保障等の再配分システムの強化」という方向への転換が進むであろう。

二　人新世・ポストヒューマン・新型コロナウイルス

（1）人新世の時代

現在が大きな転換期であることは、他の観点からも提起されている。

これまでの世界の支配的考え方は、植民地主義、人種主義、男性中心主義、西欧中心主義がワンセットになった近代的原理からなっていた。人間を至上とし、大量生産・大量消費を美徳とする物質中心主義、進歩発展主義、開発主義が自然の生態系を攪乱《かくらん》し、環境破壊をもたらした。このような人類的・地球的危機の状況を前にして、人類文明の多元性・多様性を前提にした文明間対話を行い、共生の可能性を掘り起こすことが急務となっている。それが人新世(Anthropocene)論やポストヒューマン論が台頭してきた要因である(佐藤二〇一九:八、一二)。

人新世とは、大気化学者のパウル・クルッツェンにより提起された地質時代の完新世の後に来る時代区分である。それは、人間活動が地球という惑星の自然の機能に大きな影響をもたらすようになった時代の概念で、二〇〇〇年に生まれた言葉である。気候変動、生物多様性の減少、資源の限界、廃棄物の排出などを含む地球という惑星への広範な人間の影響を一括して結びつける用語でもある(池田二〇一九:一〇)。つまり、本来人間とは無関係の地質時代に関する用語だが、環境問題等で人間が地球に変化を与えていることにより、この新しい概念が生まれたのである。私たちの主体的な行動により、今後の地球の運命を良いほうにも悪いほうにも変えられるということでもある。

このように、私たちの生活が自然そのものを大きく変化させてきており、その結果、生物は絶滅の危機に直面しているのである。その一つは、生物多様性の危機である。これは五億年余りの中で五回だけ起きている生物の大量絶滅にも比すべきものであり、現在六度目の大量絶滅の時代の真っただ中にある。また、様々な環境問題、地球温暖化、戦争、核の問題等により、人類自身が絶滅の危機にも直面している（前田二〇一八：九三―九五）。

しかし、人新世概念にも批判は存在する。気候変動の責任を人類全体に帰すのは問題であるとして、人新世概念の使用そのものを批判する論者もいる。

また、これまでふんだんに化石燃料を使用して豊かさを享受してきたのは誰かを問う必要があろう。これを明らかにすることなく、人新世概念を使用することは問題の本質を隠蔽《いんぺい》するのではないかという指摘である。この問題を理解するには、資本蓄積に端を発する不均等な配分にこそ着目すべきであり、それは人新世ではなく、資本新世（Capitalocene）として定式化すべきであるという指摘である。

確かに、人新世が前提としている種としての人類を強調しすぎることで、人類を同質的集団と見なし、人類社会の中における不平等や支配被支配関係を見落とすことが考えられる。例えば、十九世紀半ばから二十一世紀初めにかけて排出された二酸化炭素総量の約三割は、オイル・メジャーなど二十社が排出したものとの推計がある。このように種としての人類を強調することで、加害の構造などの環境的不正義を忘れてはならないだろう。貧富の格差が環境問題のリスクの大小と相関関係にあるので、資本主義と環境問題は密接なのである（土佐二〇二〇：五二、五五、七二）。

さらに、人新世概念は人間の関与の大きさを示唆しており、そこから人間の力の大きさを積極的に利用しようという傲慢《ごうまん》さに結びつくとして、人新世概念そのものを警戒する立場もある（前田二〇一八：九五―九八）。

このような様々な批判に応答しながら、政治学者の前田幸男は惑星政治概念を提起する。惑星政治とは、歴史を単に人間の歴史として語るのではなく、この惑星の生命体の歴史の一部として人間の歴史を理解することである。このような人新世の時代が示す多重絶滅の厳しい現実に対して、政治学や国際関係論は適切に向き合うことに失敗してきたとする。従来の研究では、自然は地理学や自然科学の理系の専門家によって扱われ、社会科学は専《もっぱ》らそのテーマをめぐって繰り広げられる人間ドラマを扱うことが前提とされていた。人間と自然のハイブリッドが生み出してきた壮大なドラマの中に、非人間的な生物や海、エコシステムといった惑星の複雑な生の営みが占める場所は今までなかった。現在の喫緊の課題は、人間中心主義から脱却し、「動植物とヒト」「モノとヒト」などの関係について、ヒトを上位に置かない、人間と非人間のフラットな関係を基本にした新しい連帯の形を構築できるかどうかである（前田二〇一八：九九－一一二）。

このように、人間の活動が不可逆的に地球環境に対して負の影響を与え、それがまた人類生存の危機をもたらしている。私たちは自身の人間中心主義を脱却する形で、人間と人間、人間と動植物や環境との関係を総体的に捉える必要性に迫られている。歴史を考察する際も同様で、人間の歴史と地質学的歴史さらにはビッグヒストリーが唱えるように宇宙の歴史をも一体のものとして捉える必要がある。人文社会科学と自然科学とを分けて考えてきた従来のアカデミズムの思考様式そのものを根本から問い直し、文理融合の知が必要とされている（土佐二〇二〇：四七）。

（2）ポストヒューマンの潮流

現在、ポストヒューマンの潮流が台頭している。その主張は、第一に、人間＝男性を万物の普遍的な尺度とすることへの批判と、第二に、種の階層秩序を認めて人間を特別視することへの批判である（ブライドッティ二〇一九：一八三）。

第一について、近代西欧において生まれた古典的なヒューマニティーの人間とは、男性であり、白人のヨーロッパ人であり、容姿端麗で健康な人物であった。非男性、非白人、若くない者、健康でない者、障がい者はそれから外れていた。

第二について、現在、緑の党や動物の党といった非人間中心主義的な政党が、北欧の議会で議席を有している。彼らのよって立つ基盤は、種差別への批判にある。人間中心主義的な傲慢さや、支配的な種として他のあらゆる種を利用することへの批判である（Braidotti 2013=2019:41, 106, 116）。

このポストヒューマンとは、人間中心主義の克服を目指すものであり、いわゆるトランス・ヒューマン論とは真逆である。このトランス・ヒューマン論とは、テクノロジーが発展し機械と人間の統合により従来の生物学的限界を突破するシンギュラリティー（特異点）の議論や、AIや遺伝子工学などの技術革新により、人間の能力の果てしない拡張を目指すものである（土佐二〇二〇：一五）。

（3）種差別問題

人類史において、正義概念の適用は次第に拡大してきた。西欧から非西欧へ、男性から女性へ、健常者から障がい者、ＬＧＢＴへと、正義を伴った人権意識が広がってきている。さらに現在は人権意識だけでなく、動物の権利やアニマル・ウェルフェアまで視野に入るようになってきている。

世界中では今日、羊が十億匹、豚が十億匹、牛が十億頭以上、鶏が二百五十億羽以上いる。二〇一二年にアメリカでペットとして飼われていた犬と猫の数は一億六千四百万匹で、アメリカで毎年殺される畜産動物は九十一億匹に及ぶ。

食肉農場の子牛は誕生直後に母親から引き離され、自分の体とさほど変わらない小さな檻に閉じ込められる。そこで、檻から出ることも、他の子牛と遊ぶことも、歩くことも許されず、平均四カ月の一生を送る。全ては、筋肉が強くならずに、柔らかくて肉汁たっぷりのステーキになるためである。子牛が初めて歩き、筋肉を伸ばし、他の子牛たちに触れる機会を与えられるのは、食肉処理場へと向かう時である。

さらにこれらの畜産動物は、食肉処理場へ行く前に、毎年数億匹が苦しみながら命を落とす。

養鶏場のケージの中で、ストレスにさらされ、攻撃的になった仲間に突かれて死んでしまう鶏もいれば、あまりに早く成長させられたために、体を足で支えられなくなったブロイラーチキンもおり、餌に近づくことができずに飢えと渇きで死んでいくのである。

また、生まれてからずっとケージの中にいた豚や牛や七面鳥や鶏が輸送車に詰め込まれ、輸送のストレスで死んでいく場合もある。同じ種ではないからといって人間以外の生き物の権利や利益を軽んじるのは種差別であり、人種差別や性差別が間違っているように、種差別も重大な問題である（Harari 2011=2016 上:123-126, Singer 2015=2015:173-176）。

今日の世界における違法取引は、薬物、兵器に次いで、三番目は動物であり、これは女性の違法取引よりも上位である。また、現実に次のようなことも行われている。アフガニスタンなど戦争で荒廃した地域に住む人びとは、生き延びるために草を食べるような状況に陥《おちい》っている。それに対して、ヨーロッパの一部の地域では、乳牛に食肉由来の飼料が与えられている。乳牛や羊や鶏を動物飼料で飼育するという予期せぬカニバリズム（同種のものを食べる）的転回が起こっているのである。つまり人間が草を食べ、草食動物が肉を食べるといった人間と動物が逆転した状況が存在する（Braidotti 2013=2019:116,20,18-19）。

人間は進化の頂点にいると思われているが、実はそうではない。進化の途中にいるにすぎず、その意味では他の生物と変わりはない。ある意味で、コイもカエルもヒトもイヌもトカゲもニワトリも生命が誕生してからおよそ四十億年という長さの時間を進化した生物であり、全てが現時点で進化の最後に現れた種である。窒素を尿素でなく尿酸にして捨てるほうが陸上では効率が良く、爬虫類や鳥類はそれができるので、陸上生活への適応という点から見れば、一番優れた種はトカゲとニワトリになる。水中生活への適応ではコイで、走るのが速いという点ではイヌになる。進化に完成も未完成もなく、環境が変わればいくら完全に思えたものでも、役に立たなくなる。人間を含め全ての生物は、不完全であり、だからこそ進化が起こるのである（更科二〇一九：五―六、六九、一一五）。

このような人間による動物等に対する暴力、またそれを正当化する人間／動物の分節化の思《し》惟《い》そのものが、人間社会内部の人種差別や暴力と根幹のところでつながっている。したがって、このような人間中心主義の問題を無視し続けることはできないであろう。対テロ戦争のような非対称的戦争では、ちょうど鳥インフルエンザに感染したおそれのある鳥を一斉に殺処分するように、徹底的な空爆が行われた。一方イスラーム国（ＩＳ）支配地域では、それに応じるかのように、欧米人を絶対的敵として捕らえ、あたかも生贄《いけにえ》の山羊を屠《ほふ》るかのように首を切るようなことが行われた。対テロ戦争という文脈においては、テロリストは非人間化（動物化）され、種差別的な暴力が行使されることになる。危害を加える側は、自らを「理性」を有する者と思っているからこそ、動物と見なした人間に対する暴力をエスカレートさせることになる。人間性を守るという名目で、例えば「保護する責任」という名目で、「人道的」軍事介入によって人を殺戮《さつりく》するということが行われるのである（土佐二〇二〇：八五―九〇）。

将来的には、ポストヒューマンの議論は動物ばかりでなく、植物や無機物、さらには地球外生命にまで広がるかもしれない。宇宙の歴史から見れば、全てのものは、宇宙のチリやガスから生じたものであり、根源的には同じ宇宙に存在するきょうだいであろう。近年、正義が国家内部で妥当する国家主義と地球全体に及ぶ地球主義、さらには宇宙にまで及ぶという宇宙主義が提起されるようになってきている。宇宙主義とは、宇宙に存在する全てが道徳的関心の究極単位であるという主張である（瀧川二〇一四：八五―八六）。人間から動物、植物、無機物さらに宇宙へと正義や平等の視座は拡大している。同じ宇宙に存在する同胞意識がつくられつつあるのである。

（4）新型コロナウイルス問題

二〇二〇年に世界中に蔓延《まんえん》した新型コロナウイルス感染症（COVID-19）は、健康、経済、政治、教育、文化などのあらゆる分野に甚大な影響と変化をもたらし、現在、新しい時代を迎えつつあると言っても過言ではない。

もともとこのような感染症のきっかけは、人間の生態系への介入であった。人間が森林を切り開き農業を推し進めた農業化と、野生動物を家畜として共に生活する家畜化により、動物由来の感染症が人間にもたらされたのである（飯島二〇二〇：一三二）。近代に入り、人間による自然への乱開発、金儲けのための違法な野生動物の取引、過剰な貿易や工業化などにより、人間と動物の距離はさらに縮み、より感染症が拡大した。さらに、グローバル化による速い蔓延、都市化による過密、高齢化による重症化などが問題をより大きくした。

病原体ウイルスはもともと自然の中で宿主と共生していたが、人間が動物の世界に進出したがために、人間に致死的な感染を引き起こすようになった。しばしば動物やウイルスそのものを「悪」と見なすことがあるが、実は人間がもたらした人為的災害なのである。ウイルスを敵や脅威と見なさず、また人間のみを万物の霊長とは捉えず、人間、動物、病原体を同列のものと見る「ワンヘルス」の見方が重要になろう。「ワンヘルス」とは、人間の健康のためには動物も健康でなければならず、両者の健康が一本でつながっているという考え方である。また研究や実践レベルでも、医学と獣医学の隔たりを埋めるために提唱された理念でもある（奥野二〇二〇：二〇九―二一二）。

この問題は、人間中心主義や動物虐待といった種差別問題ともつながり、さらに人新世とも密接な関係がある。人間の存在を脅《おびや》かすのはウイルスだけではなく、環境破壊を続ける人間自身でもある。感染症の拡大は人新世における人為的環境災害との見方もできよう。自然への過剰な進出により新しいウイルスに出会った人間は、ライフスタイルを根本的に転換することが求められている（塚原二〇二〇：一五〇―一五二）。

さらに政治・経済的側面を考察すると、経済効率を重視する新自由主義下において公共医療制度が各国において切り詰められたことにより、医療崩壊が起き、コロナ危機が増大した。世界では対立や憎悪が蔓延し、ナショナリズムなど内向き志向が強くなり、排外主義が高まり、軍事費も世界全体で年間二百兆円を超えるようになった。この軍事費の一部でも医療関係に充填《じゅうてん》すれば、かなり問題を軽減できよう。

例えば、アメリカの二〇一九年度の核兵器関連費用は三百五十一億ドルであり、この費用を医療関係に充填すると、ベッド三十万床、人工呼吸器三・五万台、看護師十五万人と医師七・五万人分の給与の全てが賄《まかな》えるのである。さらにこれほどの金額ではないが、違う数字を示すと、バージニア級攻撃型原子力潜水艦一隻の費用二十八億ドルは救急車九千百八十台にあたり、F35戦闘機一機の費用八千九百万ドルは集中治療室のベッド三千二百四十四床にあたり、レオパルト戦車一両の費用千百万ドルは人工呼吸器四百四十台に相当する（川崎二〇二〇：一）。

日本でもコロナのような感染症の他に、近年気候変動に伴う自然災害が頻発しており、軍事的脅威よりもむしろ感染症、自然災害のほうが、人びとの安全保障にとってより切迫した喫緊の問題である。これらの問題にもっと重点的に予算を配分し、生命や生活、経済を守るほうが軍事的安全保障よりさらに重要であろう。

コロナ禍を戦争にたとえ、緊急事態による自粛や強制を促す言説が広がっているが、このことは、政治家自らの政策の失敗を、戦争という名を隠れ蓑にして隠蔽している側面もあろう。また、コロナ問題を利用して、自らの政治的アピールの場にする場合もあるかもしれない。さらに、緊急事態ということで、接触者追跡などを通じてプライバシーを侵害したり、秩序を乱す者を差別、中傷したりすることもあった。

また、このような大きな出来事や災害が起こると、弱者にしわ寄せがいくことになる。テレワークできない現場で働く人びとに対して「なぜ外に出ているのか」と、バッシングが行われた。現場で働く人々は感染のリスクが高い上に、非正規雇用や休業補償がなかったりして、やむを得ず働いている場合が多い。また、このような現場の人びとがいるからこそ、テレワークも成り立つのに、そこには思いが及ばないのである。さらにパニックや買い占め、集団心理による少数者差別なども多く見られた。

中国がコロナの発生源とされ、それに対して様々な批判が寄せられた。このことは中国が大国として影響力を持つようになったということでもある。歴史的にも様々な感染症の発生はスペイン、イギリス、フランス、アメリカなど当時、覇権を握った国家が中心となることが多かった。中国は世界の工場となり、経済発展を実現し、都市に人口が移動し、生態系への介入が進んだということであろう（飯島二〇二〇：一三五）。

今までの歴史の中でも、感染症が歴史を変えたことがあった。感染症により上下水道が完備したり、都市インフラが整備されたりした。今回も歴史の画期となるであろう。オンラインのテレワークが進み、オーバーツーリズムや気候変動などが抑制される可能性もある。逆に内向きの排他性や差別が強まり、弱い者がより弱くなり、分断が進む可能性も考えられる。

感染症には国境は存在せず、予防には国家を超える連帯が必要である。現下のパンデミックは、自国中心的な政策ではなく、国際的な連帯と協働のみが、グローバルな危機を解決できるという事実を突きつけている。健康、気候、経済、教育、文化等を「グローバル・コモンズ（地球的な共有財産）」として、捉え直すことが重要であろう（水嶋二〇二〇：四四）。

三　幸福とは何か

(1) 幸福の定義

近代科学と資本主義は、限りない拡大・成長の追求という点で共通している。しかし、地球資源の有限性や格差拡大などにより、そのような追求は必ずしも人間の幸せや精神的充実をもたらしていない（広井二〇一五：ⅳ）。諸問題が渦巻く変革期の現在こそ、幸福とは何かをもう一度問い直さなくてはいけないだろう。

幸福の国際比較調査が、二〇〇六年にイギリスのレスター大学において百七十八カ国を対象に行われた（橘木二〇一三：一四―一五）。そこでは、良好な健康管理、高いGDP、教育の機会、景観の芸術的美しさ、国民の強い同一性、国民の信仰心などを基準にして計測が行われた。結果は、一位デンマーク、二位スイス、三位オーストリア、二十三位アメリカ、九十位日本となっており、日本の幸福度は高くも低くもない結果となった。

世界五十七カ国のアンケート調査によると、「非常に幸せ」「やや幸せ」を合わせた割合で多い順に、ニュージーランド、ノルウェー、スウェーデン、カナダ、マレーシア、オランダ、スイスと続いて、日本は二十四番目であり、ここでも中間あたりに入っていた。これとは別に、日本における様々な調査結果から、高い所得、教育の機会、女性であること、健康といった変数が、幸福度を高めていた（橘木二〇一三：五六）。

現在のような貨幣で評価・測定できる生産物とその消費量から決まるGDPではなく、より人間の豊かさを測定できる尺度が重要視されるようになってきている（駒村二〇一五：二〇六―二〇七）。

（2）ブータンの国民総幸福

ヒマラヤ山脈東部のブータンでは、国民総生産（GNP）とともに、国民総幸福（GNH＝Gross National Happiness）という指標が使用されている。ブータンは仏教徒が多く、仏教国の究極目的として、国民総幸福を掲げている。国民総幸福の立脚点は、人間は物質的な富だけでは幸福になれず、充足感も満足感も抱けない、経済的発展及び近代化は人びとの生活の質及び伝統的価値を犠牲にしてはいけない、というものである（枝廣他二〇一一：四四—四五）。

国民総幸福を構成する九つの領域は次の通りである。生活を営む上で必要な経済基盤、身体面での健康、教育や知識、地域コミュニティーの活力、民主的な意思決定に裏打ちされた良い政治、仕事と余暇のバランス、文化の尊重と保全、環境保護、心の健康である（枝廣他二〇一一：四四—四五）。

二〇〇八年の第六十三回国連総会でブータン首相であるジグミ・ティンレイが行った次のような演説は、この国民総幸福を体現したものであった（枝廣他二〇一一：一七三—一七六）。

「我々の日常は常に、まだ充分所有していないという不安感、そして隣人や友人よりもより多く持ち、より成功したいという欲望に満ちています。我々は、自分たちに与えられた資源どころか、まだ生まれてもいない世代のために与えられたものをも使い、消費しているのです。自然資源を搾《しぼ》り出し、生産性を上げ、消費を増やし、計り知れないほどの汚染した廃棄物を排出しながら経済を拡大している間に、地球の気候は変化しています。（中略）もう一度お聞きします。経済成長は、人類の発展と置き換えられるのでしょうか。我々は、ただ物質的に生産性を高め、より多くを稼ぎ、より多くを望み、まるで、必要でもなければ、究極には我々を滅亡させるほど大量のものを、消費するように仕組まれた愚かなロボットのようになりつつあるのでしょうか。我々は、人類としてより高い価値を求め、そしてそれに従うべきなのではありませんか。我々が必要とするものは、ただ物質的、肉体的なものではないのではないでしょうか。個人や共同体の幸福が中心に据えられ、一時的な快楽ではなく、真の幸福をもたらす、価値ある持続可能な発展のための総合代替的パラダイムを築くことはできるでしょうか」

ティンレイのこのような演説は、物質と欲望が渦巻く現代社会において、何を真の幸福と捉えるのか、ということにおいて強い示唆を与えるものである。

(3) レジリエンスと自殺予防要因

幸福とも密接なつながりがあるレジリエンスという言葉が最近注目されている。レジリエンスとは、外的な衝撃にも折れてしまわず、しなやかに立ち直る強さを言う。もともと、「反発性」「弾力性」を示す物理学の用語であったが、ここから、外からの力が加わっても、また元に戻れる力という意味で使われるようになった。多くの分野に応用されているが、共通しているのは、外的な衝撃に耐え、それ自身の機能や構造を失わない力、ということである。強い風にしなって元の姿に戻る竹、山火事の後の生態系の回復、愛する人との死別を乗り越えてたくましく生きてゆく人、大恐慌が起こっても石油の輸入が途絶えても大きな影響を受けずに持続する暮しや地域など、様々なレジリエンスが存在する（枝廣二〇一五：三、一九―二〇）。大きな不幸や大震災、戦争などの問題からどう立ち直るのかは、幸福を考える際にも重要であろう。

幸福とは対極に位置するものに自殺がある。したがって自殺率は、その地域の幸福と密接な関係があるであろう。徳島県の海部町《かいふちょう》（現海陽町）が突出して自殺率が低い要因を社会学者の岡壇は考察し、五つの自殺予防因子を提起している（岡二〇一三：三七―九二）。

第一は、「いろんな人がいてもよい、いろんな人がいたほうがよい」ということである。統制や均質を避けようとする雰囲気やよそ者、新参者でも受け入れる雰囲気が存在する。クラスの中に多様な人がいたほうが良いとして、特別支援学級の設置に反対した。

第二は、「人物本位主義をつらぬく」ということである。職業上の地位や学歴、家柄や財力などにとらわれることなく、その人の問題解決能力や人柄を見て評価する。

第三は、「どうせ自分なんて、と考えない」ということである。「自分のような者に政府を動かす力はない」と思いますか、とのアンケートに、ないと答えた人の割合は、自殺多発地域の二分の一であった。

第四は、「病《やまい》、市《いち》に出せ」ということである。「病」とは、単なる病気のみならず、家庭内のトラブルや事業の不振、生きていく上でのあらゆる問題を意味している。「市」とは、マーケット、公開の場を指す。同時にこの言葉は、やせ我慢をすること、虚勢を張ることへの戒《いまし》めが込められている。弱音を吐かせるリスク管理術とも言えよう。

第五は、「ゆるやかにつながる」ということである。隣人《りんじん》間のつきあいは、基本は放任主義である。必要があれば過不足なく援助するのである。

このように多様性を尊び、学歴や収入にとらわれず、自分に自信を持ち、物事をオープンにして、ゆるやかにつながっていけば、自殺を低減でき、ひいては幸福に結びつくのである。

四　奇跡の存在

宇宙的視野から人間を見つめると、その奇跡に驚かされる。今ここに生きている私たちは、約四十億年の生命の流れや約百三十八億年の宇宙の流れを一度も途切れることなく受け継いできた唯一無二の存在であり、全ての存在が「万世一系」である。憲法学者の小林直樹は次のような「天の声」を聞くと、自分たちの存在の奇跡性に身震いすると述べている（小林二〇〇六：二二、二四—二五）。

①あなたは、ご両親の子として、この時代に・この国土の・この民族の・この家族の一員として生まれ育てられたが、その両親も時も所もあなたが選んだことではなく、全て因縁をもたらした運命という他はない。つまり、どんな人も、個々人の意志や欲求を越えた因縁を背に負って存在している。

②あなたの生命はあなたの父母の性的交わりに始まるが、ある時の、ある条件下で、一～二

億の精子の一、二個がたまたまその時の卵子と結合したことは、おそらく何十億分の一の確率の偶然である。しかも同じような事態は祖先のカップルの全てにあったことだから、それが何万世代にもわたると計算不能の超偶然の結果、つまり奇跡ということになる。

③あなたの祖先のまた祖先たちは皆、自然災害や天敵の来襲や病気や闘争や戦争などによる死の危険に、おそらく何回となく当面させられながら、それを免れて、三十数億年もの間、一人も欠けずに子孫を生んで、あなたに生命を伝えてきた。これも驚嘆すべき奇跡である。

④そもそも、あなたが生活している地球という惑星も、その出来上がりからして奇跡的な天体である。太陽からの適当な距離のために、生命を育《はぐく》む水を持ち、適当な温度を保ち、そのおかげであなたも他の生物も生かされている。

⑤さらに宇宙そのものだって、ビッグバンの時に、物質と等量の反物質がつくられていたら、両者の衝突によって無に帰したろうから、物質界の存立もやはり偶然に依存している。地球上の生命の誕生も同様である。

このように奇跡の連続で私たちが現在生きているが、宇宙にははじめから、人間という認識者を生み出そうとする意志、つまり宇宙意志があったとする研究者も存在する。この問題は科学的には立証されない憶測にとどまるが、次の二点は肯定されるであろう（小林二〇〇六：二〇一二一）。第一に、宇宙は、人間のような高度の認識能力を持つ存在を生み出すようにつくられているということである。第二に、人間は、宇宙の中でその微少な一部分として生まれながら、自らを含む巨大な宇宙を観察し、そのありようを考える点で、宇宙の自己認識者である。ただし、人間だけが全宇宙の中の唯一の精神的存在ではないであろう。

天文学者の松井孝典も同様に、私たちは宇宙を認識するために生まれてきたと述べている。宇宙は地球を生み、生命を生み、人類を生んだ。そして現生人類が誕生し、宇宙を認識するようになり、この時、認識論的には宇宙は存在したことになる。私たちは知の体系を創造しているかのように感じているが、そうではなく、ビッグバン以来の宇宙の歴史、地球の歴史、あるいは生命の歴史を解読した結果を単に知の体系と呼んでいるにすぎない。しかし、私たちは生き延びるだけのために生きている存在ではなく、なぜ存在するのか、その存在理由を問うことが非常に重要になってきた。さらに松井は所有について疑問を投げかけ、レンタルの思想を主張する。私たちの存在そのものが実はレンタルであるが、私たちは自分の体を自分の所有物だと思っている。しかし、これは物として地球から借りているにすぎない。死ねば地球にかえるだけのことである（松井二〇〇三：一〇三、一三四、一八〇、二〇七）。私たち人間や他の生物、さらには無機物も含めて、全て宇宙のチリやガスから創られた。そのような様々な物を借り、恩恵を受けて今、生きている。

章のまとめ

大きな地球的諸問題を抱える現在は、転換期でもあり、新しい地球倫理が求められている。人が地球に影響を与えている人新世という新しい時代に入っており、また男性、西洋、人間の視点のみではなく、多様な視座から宇宙的見方をすべきであろう。新型コロナウイルスの問題も、人新世や種差別と密接な関係を持っているのである。また、物質や効率ばかりを重視するのではなく、本来のあるべき幸福を追求する必要があろう。私たち人間は、他の生物や無機物も含めて、宇宙の奇跡の存在なのである。

あとがき

仲良く、幸せに生きるにはどうしたらよいのか。これが本書の執筆動機だった。これは、地球社会の中心的問題でもあり、また日頃、多くの人びとが考え、悩んでいることでもあろう。本書では、この問題を共存と福祉の観点から考察し、幸福平和学について論じた。

本書は、研究の成果でもあり、学生のためのテキストでもある。それと同時に、日々の生活と格闘している人びとにも贈りたい。戦争や抑圧、貧困や格差に苦しむ人びとにもぜひ読んでいただきたい。苦しみを癒《いや》し、世の中を変革するきっかけになれば、非常にうれしく思う。

本書では、人はなぜ争い、対立するのかを起源にまでさかのぼって考察し、さらに具体的な方途も提起した。そのため、既存の学問の枠組みと時間軸の両方を大きく超えたものになり、筆者の能力の限界もかなり超えてしまった。ただ、現在の最も大きな問題である戦争の原因や貧困・格差の問題を、根源にまでさかのぼって論じるためには致し方なかった。皆さまのご批判をお願いしたい。

私は多くの先生方から、虐《しいた》げられた庶民の視点を忘れず、学問的にも時間的にも大きな枠組みで考えるように教えられてきた。本書がこのような視点を貫いているのであれば、今までの学恩に多少なりとも報いたことになり、望外の喜びとなろう。

前著に引き続き、今回も第三文明社書籍編集部の皆さまに、細かなご指摘を受けるなど、大変お世話になりました。深く感謝申し上げます。

二〇二〇年七月三日

岩木　秀樹

注

はしがき

（1）構造的暴力とは、平和研究者のヨハン・ガルトゥングによって提示された概念である。彼は、暴力を人間が潜在的な能力を十分に実現できないことと捉えた。その暴力の中でも、貧困、飢餓、抑圧、疎外、差別のある状態を構造的暴力とし、戦争などを直接的暴力とした。構造的暴力は、暴力の主体を特定するのが難しく、社会体系に構造化されている。それに対して、直接的暴力は、暴力の主体を特定の人間や人間集団に帰することができるのである（Galtung 1969=1991、高柳二〇〇三：二一〇）。

（2）世界各地で戦争が起きており、戦争の低減化が喫緊の課題となっている。そのためにも戦争の原因を追究し、平和の条件を展望することは重要であろう。戦争の原因は非常に複雑であり、戦争一般の原因究明はさらに困難を極める。個別の戦争原因の研究の積み重ねの上で、一般化をすることが重要であろう。だが今後、世界平和を構築するためにも、大きな枠組みでの戦争一般の原因研究も必要となってくるであろう。また、戦争手段を中心とした発展段階の歴史は次のようなものである。棍棒《こんぼう》や投石などによる部族間闘争から、槍刀及び弓矢を用いる古代国家の戦いへの移行は、戦争の歴史の第一段階を画するものであった。第二段階に移行させたのは、火器の発明と普及である。十五世紀頃から大砲や火縄銃が欧州に広がり、中世から近世まで戦争は、殺傷と破壊の規模を次第に高めることになった。第一次・第二次の世界大戦を通じて、戦争史は第三段階に入った。第一次大戦は規模の大きさで史上最大の戦争になったのと、戦車、毒ガス、潜水艦、飛行機など新兵器の投入によって、戦闘の局面は陸海空にわたり一変するに至った。核の開発により人類は戦争史の第四段階に入った。このように人類の絶滅をもたらすような戦争は、もはやどのような政治的目的にも適合し得ないものとなった（小林二〇一一：八六―八七）。本書では、戦争手段による発展の歴史ではなく、社会や政治の関係の中で戦争原因の歴史的展開を考察していく。

第一章

（1）戦争の原因を究明するためには、まず戦争を定義しなくてはならない。しかし戦争という現象は複雑であり、そのため戦争を定義することは困難であり、様々な定義が存在する。戦争を定義するということは、その原因にも論及しなければならず、原因をある程度特定しなくてはならない。つまり戦争の原因をどこに見いだすかにより、戦争の定義も異なってくる。したがって戦争の原因を検討する以前に、戦争を定義することは難しいが、論を進めるため、便宜的に大まかな戦争の定義を試みておく。

（2）直立二足歩行になった要因として、次のような説があるが、決定的なものはまだわかっていない（若原二〇一六：六一）。①自分の体を大きく見せるため。②長距離を移動するため。③太陽光線を受ける面積を減らして、体温調節を有利にするため。④見晴らしのよいサバンナでいち早く捕食者を発見するため。⑤上肢（手）で武器を使用するため。⑥両手で食物を運搬するため。また直立二足歩行になったため、次のようなデメリットも生じた（若原二〇一六：五四―五五）。①直立すると体重を支えるために骨盤が広く平板になりそれと引き換えに産道が狭くなり、難産になった。②脳へ血液を運ぶために大きな血圧が必要になり、高血圧となった。③血液が静脈系を通って体の中央に戻ってくる際に逆流防止の仕組みが必要になり、血栓ができやすくなった。④直立したため直腸静脈の鬱血《うっけつ》が激しくなり、痔になりやすくなった。⑤直立した体の全体重を下肢で受け止めるため、腰と膝に大きな負担がかかり、腰痛と膝関節痛が生じた。

（3）なお脳の大型化の理由は人類学者の間でも様々な説がある。脳はカロリーを消費する器官であり、そのために肉食が必要となり、さらに脳が発達したとする肉食説や、二足歩行、労働、道具使用、気候変動、狩猟法、言語など、関連する諸要件のどれに重きを置くかによって、意見は分かれている（小林二〇〇八：三二）。

（4）なお、セビリア声明に対する批判として、次のようなものがある。楽観的な平和主義のイデオロギーが、科学的な裏付けを二の次にしてしまうほどに前面に出ている。人間の極度の暴力性は、人間の本性に何ら由来するものではないと言い切ってしまってよいのか（中島二〇〇一：一三九―一四二）。

（5）ただ今後、脳科学や遺伝子学などの研究が進み、本能ではなく違う概念によって、人間の暴力性がある程度解明できる可能性もある。人間の攻撃性は大脳辺縁系領域に集中しており、テストステロンというホルモンも攻撃行動と密接な関係があることが現在の研究で明らかにされつつある。ただ、どの人間がいつ暴力的な衝動を見せるのかは予測できず、いわんやどの時代、地域で戦争が生じるのかはこれらの科学では解明できないのが現状である（Keegan 1993=1997:98, 99, 101）。

第二章

（1）ユダヤ系とは非常に曖昧《あいまい》な表現であり、場合によると差別用語として使用されることもある。ユダヤ教徒にも様々な立場があり、起源はユダヤ教徒だが現在は世俗化してユダヤ教徒意識は存在しない場合もある。ここでは、ユダヤ教徒意識がある者及び、現在ユダヤ教徒だと自覚はないが起源としてユダヤ教徒意識がある人びとをユダヤ系としておく。

（2）ただ二〇一九年に翻訳されたハラリの本では、「二十世紀初期には、シオニズムのお気に入りのスローガンは、『民なき土地［パレスティナ］への、土地なき民［ユダヤ人］』の帰還を謳《うた》うものだった。地元のアラブ人の存在は都合よく無視された（Harari 2018=2019:301）」などの表記があることは注目すべきであろう。ただ、現在のイスラエル政府の問題を直接的に批判する言葉は見られない。

（3）子どもが一緒に殺されるということは、明らかに集団間の対立があり、他集団の人間であれば、年齢を問わず殺戮《さつりく》の対象とするという規範があったことを示す（松本二〇一七：一六六）。

第三章

(1) 政治家らのプロパガンダにより、戦争へと民衆を駆り立てる方法を、イギリスの外交官で政治家であるポンソンビーは、戦争プロパガンダの十の法則とした。彼による第一次大戦中の考察を、アンヌ・モレリが次のようにまとめた。①われわれは戦争をしたくない。②しかし敵側が一方的に戦争を望んだ。③敵のリーダーは悪魔のような人間だ。④われわれは領土や覇権のためではなく、偉大な使命のために戦う。⑤われわれも意図せざる犠牲を出すことがある。だが敵はわざと残虐行為に及んでいる。⑥敵は卑劣な兵器や戦略を用いている。⑦われわれの受けた被害は小さく、敵に与えた被害は甚大だ。⑧芸術家も知識人も正義の戦いを支持している。⑨われわれの大義は神聖なものである。⑩この正義に疑問を投げかける者は裏切り者である(Morelli 2001=2015)。これらの手法は、政治家や軍人たちが、民衆を戦争へと駆り立てる常套手段として使われたし、現在でも多用されている。

第四章

(1) 具体的な非暴力行動の一部として、次のようなものがある。公共の場で演説する。祈禱《きとう》や礼拝を行う。ユーモラスな寸劇やいたずらを行う。勲章を放棄する。ボイコット製品の非消費行動を起こす。政府紙幣を拒否する。政府の公的援助を拒否する。徴兵や国外追放に対して非協力になる。秘密警察の身分を暴く。

第六章

（1）ＳＤＧｓの十七のゴールは次の通りである。

1　あらゆる場所のあらゆる形態の貧困を終わらせる。

2　飢餓を終わらせ、食料安全保障及び栄養改善を実現し、持続可能な農業を促進する。

3　あらゆる年齢のすべての人々の健康的な生活を確保し、福祉を促進する。

4　すべての人々への包摂的かつ公正な質の高い教育を提供し、生涯学習の機会を促進する。

5　ジェンダー平等を達成し、すべての女性及び女児の能力強化を行う。

6　すべての人々の水と衛生の利用可能性と持続可能な管理を確保する。

7　すべての人々の、安価かつ信頼できる持続可能な近代的エネルギーへのアクセスを確保する。

8　包摂的かつ持続可能な経済成長及びすべての人々の完全かつ生産的な雇用と働きがいのある人間らしい雇用（ディーセント・ワーク）を促進する。

9　強靭《きょうじん》（レジリエント）なインフラ構築、包摂的かつ持続可能な産業化の促進及びイノベーションの推進を図る。

10　各国内及び各国間の不平等を是正する。

11　包摂的で安全かつ強靭（レジリエント）で持続可能な都市及び人間居住を実現する。

12　持続可能な生産消費形態を確保する。

13　気候変動及びその影響を軽減するための緊急対策を講じる。
14　持続可能な開発のために海洋・海洋資源を保全し、持続可能な形で利用する。
15　陸域生態系の保護、回復、持続可能な利用の推進、持続可能な森林の経営、砂漠化への対処、ならびに土地の劣化の阻止・回復及び生物多様性の損失を阻止する。
16　持続可能な開発のための平和で包摂的な社会を促進し、すべての人々に司法へのアクセスを提供し、あらゆるレベルにおいて効果的で説明責任のある包摂的な制度を構築する。
17　持続可能な開発のための実施手段を強化し、グローバル・パートナーシップを活性化する。

（2）二〇一五年における日本での食品廃棄は年間六百四十六万トンであり、一人当たり茶碗一杯のご飯を毎日捨てている計算になる。国連食糧農業機関によると、世界では生産された食料の三分の一に当たる十三億トンが毎年廃棄される一方で、九人に一人が栄養不足に苦しんでいる。また、日本において年間十億枚の新品の服が一度も袖を通されることなく廃棄されており、日本で供給されている服の四枚に一枚は新品のまま捨てられている（仲村他二〇一九：一九一—一九二、三三二）。

（3）この通常の解釈は、幼児洗礼を受けた者も大人や晩年になって洗礼を受けた者も、同じように神の国に行けるということである（橋爪・大澤二〇一一：二二一—二二二）。ただし、作家の佐藤優によれば、これはたとえ話であり、賃金を払った主人とは神であり、賃金をもらった労働者とは私たち人間のことである。誰にどう与えるかは神の自由で、受け取る側つまり人間が神に対して不平を言う権利はないということを伝えているのである（佐藤二〇二〇：一八二）。

第七章

(1) なお二〇一九年十月に消費税が八%から一〇%に上がったので、目標の増税率はやや下がる可能性もある。

第八章

(1) ただし、寺田によれば、カントは世界共和国(世界政府)を退け諸国家連合を採ったが、それは、世界共和国を原理的・理論的に否定したからではなく、現実的・実践的な理由から、さし当たり諸国家連合を樹立すべきだと考えたからであった(寺田二〇一九:七八)。

(2) 世界政府、世界連邦、国家連合など様々なレベルの統合形態はあるが、ここでは細かな議論はしない。

山極寿一編 , 2007b,『シリーズ　ヒトの科学　1　ヒトはどのようにしてつくられたか』岩波書店。
山崎史郎 , 2017,『人口減少と社会保障　孤立と縮小を乗り越える』中央公論新社。
山森亮 , 2009,『ベーシック・インカム入門　無条件給付の基本所得を考える』光文社。
湯浅誠 , 2008,『反貧困－「すべり台社会」からの脱出』岩波書店。
湯浅誠 , 2017,『「なんとかする」子供の貧困』KADOKAWA。
油井大三郎 , 2004,「世界史認識と平和」藤原修他編『グローバル時代の平和学 1　いま平和とは何か　平和学の理論と実践』法律文化社。
ライト , クインシー , 1974,「戦争」『ブリタニカ国際大百科事典』11 巻、ティビーエス・ブリタニカ。
ラミス , C・ダグラス , 2000,『憲法と戦争』晶文社。
ラミス , C・ダグラス , 2009,『ガンジーの危険な平和憲法案』集英社。
若原正己 , 2016,『ヒトはなぜ争うのか　進化と遺伝子から考える』新日本出版社。

広井良典 , 2009,『グローバル定常型社会　地球社会の理論のために』岩波書店。
広井良典 , 2015,『ポスト資本主義　科学・人間・社会の未来』岩波書店。
広井良典 , 2017,「なぜいま福祉の哲学か」広井良典編『福祉の哲学とは何かーポスト成長時代の幸福・価値・社会構想』ミネルヴァ書房。
深見浩一郎 , 2017,『巨大企業は税金から逃げ切れるか？　パナマ文書以後の国際租税回避』光文社。
福井勝義 , 1999,「戦いの進化と民族の生存戦略」国立歴史民俗博物館監修『人類にとって戦いとは 1　戦いの進化と国家の生成』東洋書林。
福田歓一 , 1988a,『国家・民族・権力』岩波書店。
福田歓一 , 1988b,『激動の世紀と人間の条件』岩波書店。
藤岡惇 , 2004,「軍縮の経済学」磯村早苗他編『グローバル時代の平和学 2　いま戦争を問う』法律文化社。
藤田孝典 , 2016,『貧困世代　社会の監獄に閉じ込められた若者たち』講談社。
藤原哲 , 2018,『日本列島における戦争と国家の起源』同成社。
ブライドッティ , ローシ , 2019,「批判的ポストヒューマニティーズのための理論的枠組み」『現代思想』47 巻 1 号、青土社。
朴一功 , 2009,「世界市民思想をめぐって」『大谷学報』88(2)、大谷大学。
前田幸男 , 2018,「気候変動問題から見る『惑星政治』の生成－『人新世』時代に対応するための理論的諸前提の問い直し」『境界研究』No. 8、北海道大学スラブ・ユーラシア研究センター。
松井孝典 , 2003,『宇宙人としての生き方－アストロバイオロジーへの招待－』岩波書店。
松木武彦 , 2001,『人はなぜ戦うのか　考古学からみた戦争』講談社。
松本直子 , 2017,「人類史における戦争の位置づけ　考古学からの考察」『現代思想』45 巻 12 号、青土社。
松本博一 , 1992,『国際関係思想史研究』三省堂。
松元雅和 , 2005,「パトリオティズムとコスモポリタニズムの人権擁護」萩原能久編『ポスト・ウォー・シティズンシップの構想力』慶應義塾大学出版会。
水嶋一憲 , 2020,「コモン / ウイルス　解体するスペクタクル・デジタルメディア技術・コモンのケア」『現代思想 5　感染 / パンデミック－新型コロナウイルスから考える』48 巻 7 号、青土社。
水野和夫 , 2017,『閉じてゆく帝国と逆説の 21 世紀経済』集英社。
宮本太郎 , 2009,『生活保障　排除しない社会へ』岩波書店。
宮本太郎 , 2017,『共生保障＜支え合い＞の戦略』岩波書店。
森利一 , 1989,『戦争の原因を考える　国際関係史的アプローチ』北大路書房。
山極寿一 , 2007a,『暴力はどこからきたか　人間性の起源を探る』NHK 出版。

瀧川裕英 , 2014,「正義の宇宙主義から見た地球の正義」宇佐美誠編『グローバルな正義』勁草書房。
武田知弘 , 2014,『「新富裕層」が日本を滅ぼす　金持ちが普通に納税すれば消費税はいらない！』中央公論新社。
橘木俊詔 , 2013,『「幸せ」の経済学』岩波書店。
橘木俊詔 , 2015,『21 世紀の資本主義を読み解く』宝島社。
橘木俊詔 , 2016,『21 世紀日本の格差』岩波書店。
田畑茂二郎 , 1994,「世界政府論の提起するもの」『世界法年報』第 14 号、Japanese Association of World Law。
塚原東吾 , 2020,「コロナから発される問い　21 世紀のコロンブス的交換、『人新世』における『自然』」『現代思想 5　感染 / パンデミック－新型コロナウイルスから考える』48 巻 7 号、青土社。
ディオゲネス , エルティオス , 1989, 加来彰俊訳『ギリシア哲学者列伝（中）』岩波書店。
寺田俊郎 , 2019,『どうすれば戦争はなくなるのか　カント「永遠平和のために」を読み直す』現代書館。
暉峻衆三 , 2008,「私にとってのマルクス」『季論 21』創刊号、本の泉社。
東京新聞社会部 , 2019,『兵器を買わされる日本』文藝春秋。
土佐弘之 , 2020,『ポスト・ヒューマニズムの政治』人文書院。
中島常安 , 2001,「攻撃と暴力の生物学的根拠と戦争神話－『暴力についてのセビリア声明』をめぐって－」心理科学研究会編『平和を創る心理学－暴力の文化を克服する－』ナカニシヤ出版。
中西治 , 2014,「ビッグ・ヒストリーとは何か」『地球宇宙平和研究所所報　ビッグ・ヒストリー入門』第 8 号、地球宇宙平和研究所。
中野佳裕 , 2014,「時代の分岐点としてのガンディー思想－石井一也著『身の丈の経済論』への招待」『社会科学ジャーナル』78、国際基督教大学。
中見真理 , 2009,「ジーン・シャープの戦略的非暴力論」『清泉女子大学紀要』第 57 号、清泉女子大学。
仲村和代他 , 2019,『大量廃棄社会　アパレルとコンビニの不都合な真実』光文社。
西田正規 , 2007,『人類史のなかの定住革命』講談社。
橋爪大三郎 , 大澤真幸 , 2011,『ふしぎなキリスト教』講談社。
橋本健二 , 2020,『＜格差＞と＜階級＞の戦後史』河出書房新社。
初瀬龍平 , 1991,「闘争」広島平和文化センター編『新訂平和事典』勁草書房。
原田泰 , 2015,『ベーシック・インカム　国家は貧困問題を解決できるか』中央公論新社。
ハラリ , ユヴァル・ノア他 , 2017,『「サピエンス全史」をどう読むか』河出書房新社。
ヒルシュ , ヨアヒム , 2007,「グローバル化－自由民主政の終焉」中谷義和編『グローバル化理論の視座』法律文化社。

『広辞苑』第 4 版 , 1991, 岩波書店。
河野哲也 , 2015,「コスモポリタニズムとその敵－政治と形而上学」『哲学論叢』42 号、京都大学哲学論叢刊行会。
古賀敬太 , 2014,『コスモポリタニズムの挑戦－その思想史的考察』風行社。
小林直樹 , 2006,「総合人間学の課題と方法」小林直樹編『シリーズ総合人間学 1　総合人間学への試み　新しい人間学に向けて』学文社。
小林直樹 , 2008,「暴力考（Ⅰ）－人間学的視点から」『国家学会雑誌』121 巻 3・4 号。
小林直樹 , 2011,『暴力の人間学的考察』岩波書店。
駒村康平 , 2015,『中間層消滅』KADOKAWA。
近藤克則 , 2010,『「健康格差社会」を生き抜く』朝日新聞社。
近藤克則 , 2017,『健康格差社会への処方箋』医学書院。
佐藤成基 , 2014,『国家の社会学』青弓社。
佐藤優 , 2020,『50 代からの人生戦略　いまある武器をどう生かすか』青春出版社。
佐藤幸男 , 2019,「日本の平和研究とアジア－『日本問題』から世界の核心へ」佐藤幸男他編『＜周縁＞からの平和学　アジアを見る新たな視座』昭和堂。
佐渡友哲 , 2019,「SDGs 時代における平和学－ローカルとエシカルの視点」佐藤幸男他編『＜周縁＞からの平和学　アジアを見る新たな視座』昭和堂。
佐原真 , 2005,『佐原真の仕事 4　戦争の考古学』岩波書店。
更科功 , 2018,『絶滅の人類史　なぜ「私たち」が生き延びたのか』NHK 出版。
更科功 , 2019,『残酷な進化論　なぜ「私たち」は「不完全」なのか』NHK 出版。
志賀櫻 , 2013,『タックス・ヘイブン－逃げていく税金』岩波書店。
柴田悠 , 2017,『子育て支援と経済成長』朝日新聞社。
白井信雄 , 2018,「持続可能性の規範からみた SDGs の構造分析」『山陽論叢』25 巻、山陽学園大学。
進藤榮一 , 2017,『アメリカ帝国の終焉　勃興するアジアと多極化世界』講談社。
神野直彦 , 2010,『「分かち合い」の経済学』岩波書店。
神野直彦 , 2017,「『分断』と『奪い合い』を越えて－どんな社会を目指すのか」神野直彦他編『「分かち合い」社会の構想』岩波書店。
杉本良男 , 2018,『ガンディー　秘教思想が生んだ聖人』平凡社。
角南聡一郎 , 2015,「すべてが戦いにあらず－考古学からみた戦い / 戦争異説」山田仁史、丸山顕誠編『喧嘩から戦争へ　戦いの人類誌』勉誠出版。
『聖書　新共同訳　旧約聖書続編つき』、1987、日本聖書教会。
高橋正樹 , 2005,「戦争、諸国家システム、国家－歴史社会学の国家論の可能性と問題点」『新潟国際情報大学　情報文化学部　紀要』8 号。
高畠通敏 , 1976,『政治学への道案内』三一書房。
高柳先男 , 2003,「構造的暴力」川田侃他編『国際政治経済学辞典　改訂版』東京書籍。

上村雄彦 , 2016,『不平等をめぐる戦争　グローバル税制は可能か』集英社。
枝廣淳子他 , 2011,『GNH（国民総幸福）－みんなでつくる幸せ社会へ』海象社。
枝廣淳子 , 2015,『レジリエンスとは何か：何があっても折れないこころ、暮らし、地域、社会をつくる』東洋経済新報社。
遠藤誠治 , 2018,「論点１　平和研究の方法　平和を求めるなら戦争の準備をすべきか」日本平和学会編『平和をめぐる14の論点　平和研究が問い続けること』法律文化社。
太田一男 , 1978,『権力非武装の政治学』法律文化社。
岡野八代 , 2007,「平和を求める―安全保障からケアへ―」太田義器他編『悪と正義の政治理論』ナカニシヤ出版。
岡檀 , 2013,『生き心地の良い町　この自殺率の低さには理由がある』講談社。
奥井一満 , 1984,「本能」『平凡社大百科事典』平凡社。
奥野克己 , 2020,「『人間以上』の世界の病原体　多種の生と死をめぐるポストヒューマニティーズ」『現代思想５　感染 / パンデミック－新型コロナウイルスから考える』48 巻７号、青土社。
押村高 , 2010,『国際政治思想　生存・秩序・正義』勁草書房。
小田亮 , 2011,『利他学』新潮社。
片山博文 , 2008,「環境財政構想としてのベーシック・インカム」『桜美林エコノミックス』55 号、桜美林大学。
加藤周一 , 1992,「夕日妄語」『朝日新聞』夕刊、1992 年７月 21 日付。
加納隆至 , 2001,「人間の本性は悪なのか？－ビーリャの社会からの検討」西田利貞編『講座・生態人類学８　ホミニゼーション』京都大学学術出版会。
ガブリエル , マルクス , 2020, 大野和基訳『世界史の針が巻き戻るとき 「新しい実在論」は世界をどう見ているか』PHP 研究所。
神島裕子 , 2018,『正義とは何か　現代政治哲学の６つの視点』中央公論新社。
萱野稔人 , 2005,『国家とは何か』以文社。
川合伸幸 , 2015,『ヒトの本性　なぜ殺し、なぜ助け合うのか』講談社。
川崎哲 , 2020,「コロナ危機は世界を軍縮に導くか」日本平和学会、平和フォーラム、コロナ危機に立ち向かう 、(https://drive.google.com/file/d/1I5gCbttvfK6kywVmkGZqVDguGqzpTP3l/view)（2020 年６月７日アクセス）。
カワチ , イチロー , 2013,『命の格差は止められるか』小学館。
ガンディー , 2001,　森本達雄訳『非暴力の精神と対話』第三文明社。
菊池理夫 , 2010,「日本におけるコミュニタリアニズムの可能性」広井良典他編『持続可能な福祉社会へ　公共性の視座から　１　コミュニティ』勁草書房。
木村富美子 , 2013,「社会保障とベーシック・インカム」『通信教育部論集』16 号、創価大学通信教育学部。

の諸相』彩流社。
石山文彦 , 2013,「『国境を越える正義－その原理と制度－』について」日本法哲学会編『国境を越える正義－その原理と制度－　法哲学年報 2012』有斐閣。
井手英策他 , 2016,『分断社会を終わらせる「だれもが受益者」という財政戦略』筑摩書房。
井手英策 , 2017a,「『奪い合い』から『分かち合い』の財政へ」神野直彦他編『「分かち合い」社会の構想』岩波書店。
井手英策 , 2017b,「『分かち合い』社会の可能性」神野直彦他編『「分かち合い」社会の構想』岩波書店。
井手英策他 , 2018,『未来の再建－暮らし・仕事・社会保障のグランドデザイン』筑摩書房。
井手英策 , 2018,『幸福の増税論－財政はだれのために』岩波書店。
伊藤貴雄 , 2018,「コスモポリタニズムとは何か」山岡政紀他編『ヒューマニティーズの復興をめざして』勁草書房。
伊藤武彦 , 2001,「攻撃と暴力と平和心理学」心理科学研究会編『平和を創る心理学－暴力の文化を克服する－』ナカニシヤ出版。
伊藤誠 , 2011,「ベーシック・インカムの思想と理論」『日本学士院紀要』65 巻 2 号、日本学士院。
伊藤康 , 2017,「環境保全型社会と福祉社会の統合」神野直彦他編『「分かち合い」社会の構想』岩波書店。
伊藤恭彦 , 2010,『貧困の放置は罪なのか　グローバルな正義とコスモポリタニズム』人文書院。
伊藤恭彦 , 2012,『さもしい人間　正義をさがす哲学』新潮社。
伊藤恭彦 , 2017,「グローバリゼーションと政府－世界政府とグローバル・ガバナンス－」菊池理夫他編『政府の政治理論－思想と実践』晃洋書房。
稲葉洋二 , 2011,『ソーシャル・キャピタル入門　孤立から絆へ』中央公論新社。
今西一 , 2000,「国民国家論論争への所感」『立命館国際研究』12 巻 3 号、立命館大学国際関係学会。
岩木秀樹 , 2008,「グローバル化による貧困問題と新しい共同（コモン）の可能性」『地球宇宙平和研究所所報』第 3 号、地球宇宙平和研究所。
岩田靖夫 , 2008,『いま哲学とはなにか』岩波書店。
上垣彰 , 2007,「国際社会のグローバル化」高田和夫編『新時代の国際関係論』法律文化社。
上野成利 , 2006,『暴力』岩波書店。
上原賢司 , 2011,「グローバル・ジャスティス論　国境を越える分配的正義」小田川大典他編『国際政治哲学』ナカニシヤ出版。

(=2007, 山本規雄訳『アース・デモクラシー』明石書店。)
Singer, Peter, 1993, *Practical Ethics, 2nd Edition,* Cambridge University Press, (=1999, 山内友三郎他監訳『実践の倫理　新版』昭和堂。)
Singer, Peter, 2015, *The Most Good You Can Do,* Yale University, (=2015, 関美和訳『あなたが世界のためにできるたったひとつのこと　<効果的な利他主義>のすすめ』NHK出版。)
Smith, Philip E. L., 1976, *Food Production and Its Consequences.* (=1986, 戸沢充則監訳『農耕の起源と人類の歴史』有斐閣。)
Stiglitz, Joseph and Bilmes Linda J., 2008, *The Three Trillion Dollar War,* W. W. Norton & Company. (=2008, 楡井浩一訳『世界を不幸にするアメリカの戦争経済　イラク戦費3兆ドルの衝撃』徳間書店。)
Stiglitz, Joseph, 2012, *The Price of Inequality,* W.W. Norton & Company. (=2012, 楡井浩一他訳『世界の99%を貧困にする経済』徳間書店。)
Storr, Anthony, 1968, *Human Aggression,* Allen Lane The Penguin Press Ltd. (=1973, 高橋哲郎訳『人間の攻撃心』晶文社。)
Tomlinson, John, 1999, *Globalization and Culture,* Polity Press, (=2000, 片岡信訳『グローバリゼーション―文化帝国主義を超えて』青土社。)
Tournier, Paul, 1977, *Violence et Puissance.*(=1980, 山口実訳『暴力と人間』ヨルダン社。)
Weber, Max, 1919, *Politik als Beruf.* (=1980, 脇圭平訳『職業としての政治』岩波書店。)
Wright, Quincy, 1983, *A Study of War, Second Edition,* University of Chicago Press.

【日本語】

青井和夫, 1987,『社会学原理』サイエンス社。
青木孝平, 2002,『コミュニタリアニズムへ　家族・私的所有・国家の社会哲学』社会評論社。
『朝日新聞』朝日新聞社、2015年3月13日付。
阿部彩, 2011,『弱者の居場所がない社会　貧困・格差と社会的包摂』講談社。
飯島渉, 2020,「感染症と文明、その中国的文脈について」『現代思想5　感染/パンデミック―新型コロナウイルスから考える』48巻7号、青土社。
池田寛二, 2019,「サステイナビリティ概念を問い直す―人新世という時代認識の中で―」『サステイナビリティ研究』第9巻、法政大学サステイナビリティ研究センター。
石川善樹, 2014,『友だちの数で寿命は決まる　人との「つながり」が最高の健康法』マガジンハウス。
石津朋之, 2004,「戦争の起源と本質をめぐる試論」石津朋之編『戦争の本質と軍事力京大学出版会。）
Latouche, Serge, 2010, *Pour sortir de la société de consommation,* Les Liens qui Libèrent. (=2013, 中野佳裕訳『＜脱成長＞は、世界を変えられるか？　贈与・幸福・自律の新たな社会へ』作品社。）
Morelli, Anne, 2001, *Principes Elementaires de Propagande de Guerre,* Les Editions Labor. (=2015, 永田千奈訳『戦争プロパガンダ 10 の法則』草思社。）
Nussbaum, Martha, 1996, *For Love of Country: Debating the Patriotism,*（=2000, 辰巳伸知他訳『国を愛するということ』人文書院。）
Paige, Glenn, 2009, *Nonkilling Global Political Science,*（=2019, 酒井英一監訳『殺戮なきグローバル政治学』ミネルヴァ書房。）
Piketty, Thomas, 2013, *Le Capital au XXIe siècle,* Editions du Seuil.（= 2014, 山形浩生他訳『21 世紀の資本』みすず書房。）
Pinker, Steven, 2011, *The Better Angels of Our Nature: Why Violence Has Declined,* Viking Penguin.（=2015, 幾島幸子、塩原通緒訳『暴力の人類史』上下、青土社。）
Pinker, Steven et al., 2016, *Do Humankind's Best Days Lie Ahead ?,* Aurea Foundation.（=2016, 藤原朝子訳『人類は絶滅を逃れられるのか－知の最前線が解き明かす「明日の世界」』ダイヤモンド社。）
Pinker, Steven, 2018, *Enlightenment Now: The Case for Reason, Science, Humanism, and Progress.*（=2019, 橘明美、坂田雪子訳『21 世紀の啓蒙　理性、科学、ヒューマニズム、進歩』上下、草思社。）
Poast, Paul, 2006, *The Economics of War,* The McGraw-Hill Companies. (=2007, 山形浩生訳『戦争の経済学』バジリコ。）
Pogge, Thomas, 2008, *World Poverty and Human Rights (2nd Edition),* Polity Press.（= 2010, 立岩真也監訳『なぜ遠くの貧しい人への義務があるのか－世界的貧困と人権』生活書院。）
Rodrigue, Barry H., 2017,“ An Emergent Future: Evolving a Global Revolution,”（中西治編『宇宙学と現代世界』地球宇宙平和研究所。）
Rousseau, 1762, *Le Contrat Social.*（=1954, 桑原武夫他訳『社会契約論』岩波書店。）
Scheidel, Walter, 2017, *The Great Leveler,* Princeton University Press. (=2019, 鬼澤忍、塩原通緒訳『暴力と不平等の人類史　戦争・革命・崩壊・疫病』東洋経済新報社。）
Shapcott, Richard, 2010, *International Ethics,* Polity Press, (=2012, 松井康浩他訳『国際倫理学』岩波書店。）
Sharp, Gene, 2010, *From Dictatorship to Democracy: A Conceptual Framework for Liberation,* The Albert Einstein Institution,（=2012, 瀧口範子訳『独裁体制から民主主義へ　権力に対抗するための教科書』筑摩書房。）
Shiva, Vandana, 2005, *Earth Democracy: Justice, Sustainability, and Peace,* South and Press.

the Human Animal, Seven Stories Press. (=2017, 秋山勝訳『若い読者のための第三のチンパンジー　人間という動物の進化と未来』草思社。)

Durkheim, Emile, 1895, *Les Regles de la Methode Sociologique.* (=1973, 佐々木交賢訳『社会学的方法の規準』学文社。

Duru-Bellat, Marie, 2014, *Pour une planète Equitable L'urgence d'une justice globale, Editions du Seuil et la République des Idées.* (=2017, 林昌宏訳『世界正義の時代　格差削減をあきらめない』吉田書店。)

Eibl-Eibesfeldt, Irenaus, 1975, *Krieg und Frieden,* R. Piper & Co. (=1978, 三島憲一他訳『戦争と平和　下』思索社。

Freud , Sigmund, 1968, "Why War ?" L.Bramson and G.W.Goethals eds., *War.*

Galtung, Johan, 1969, "Violence, Peace and Peace Research,"*Journal of Peace Research,* No. 3. (=1991, 高柳先男他訳『構造的暴力と平和』中央大学出版部。)

Gat, Azar, 2006, *War in Human Civilization,* Oxford University Press. (=2012, 石津朋之他監訳『文明と戦争』上下、中央公論新社。)

Giddens, Anthony, 1985, *The Nation-State and Violence,* Polity Press. (=1999, 松尾精文他訳『国民国家と暴力』而立書房。)

Giddens, Anthony, 1989, *Sociology,* Polity Press. (=1992, 松尾精文訳『社会学』而立書房。)

Grossman, David, 1995, *On Killing,* (=2004, 安原和見訳『戦争における「人殺し」の心理学』筑摩書房。)

Gustafson, Lowell, 2017, "Identity and Big Geopolitics," (中西治編『宇宙学と現代世界』地球宇宙平和研究所。)

Harari, Yuval Noah, 2011, *Sapiens: A Brief History of Humankind,* Vintage. (=2016, 柴田裕之訳『サピエンス全史』上下、河出書房新社。)

Harari, Yuval Noah, 2018, *21 Lessons for the 21st Century.* (=2019, 柴田裕之訳『21 Lessons：21 世紀の人類のための 21 の思考』河出書房新社。)

Heckman, James Joseph, 2013, *Giving Kids a Fair Chance: A Strategy that Works* (Boston Review Books) , MIT Press. (= 2015, 古草秀子訳『幼児教育の経済学』東洋経済新報社。)

Held, David et al., 2005, *Debating Globalization,* Polity Press. (= 2007, 猪口孝訳『論争グローバリゼーション　新自由主義対社会民主主義』岩波書店。)

Hughes, Chris, 2018, *Fair Shot.* (=2019, 櫻井祐子訳『1%の富裕層のお金でみんなが幸せになる方法　実現可能な「保証所得」が社会を変える』プレジデント社。)

Keegan, John, 1993, *A History of Warfare.* (=1997, 遠藤利国訳『戦略の歴史—抹殺・征服技術の変遷 石器時代からサダム・フセインまで』心交社。)

Klineberg, Otto, 1964, *Human Dimension in International Relations,* Holt,Rinehart & Winston of Canada Ltd. (=1967, 田中良久訳『国際関係の心理－人間の次元において』東

参　考　文　献

【英語】

Adams, David, 1989, *Disseminated by Decision of the General Conference of UNESCO at Its Twenty-fifth Session Paris,* 16 November 1989, (=1996, 杉田明宏他編集、中川作一訳『暴力についてのセビリア声明－戦争は人間の本能か－』平和文化。)

Alvarez, Walter, 2017, *A Most Improbable Journey: A Big History of Our planet and Ourselves.* (=2018, 山田美明訳『ありえない138億年史　宇宙誕生と私たちを結ぶビッグヒストリー』光文社。)

Atkinson, Anthony, 2015, *Inequality: What Can Be Done,* Harvard University Press.（=2015, 山形浩生他訳『21世紀の不平等』東洋経済新報社。）

Bartolini, Stefano, 2010, *Manifesto per la felicita: Come passare dalla societa del ben avere a quella del ben-essere,* Donzelli Editore. (=2018, 中野佳裕訳『幸せのマニフェスト—消費社会から関係の豊かな社会へ』コモンズ。)

Berghahn, Volker R., 1986, *Militarismus: Die Geschichte einer internationalen Debatte,* Berg Publishers Ltd., Leamington Spa.（=1991, 三宅正樹訳『軍国主義と政軍関係』南窓社。）

Bowles, Samuel, and Herbert Gintis, 2011, *A Cooperative Species: Human Reciprocity and Its Evolution,* Princeton University Press. (=2017, 大槻久他訳『協力する種　制度と心の共進化』NTT出版。)

Bowles, Samuel, 2016, *The Moral Economy: Why Good Incentives Are No Substitute for Good Citizens,* Yale University Press.(=2017, 植村博恭他訳『モラル・エコノミー　インセンティブか善き市民か』NTT出版。)

Braidotti, Rosi, 2013, *The Posthuman,* Polity Press.（=2019, 門林岳史監訳『ポストヒューマン　新しい人文学に向けて』フィルムアート社。）

Brodie, Bernard, 1973, *War & Politics,* Macmillan.

Christian, David et al, 2014, *Big History: Between Nothing and Everything,* McGraw- Hill Education.（=2016, 長沼毅監修『ビッグヒストリー：われわれはどこから来て、どこへ行くのか』明石書店。）

Christian, David, 2018, *Origin Story: A Big History of Everything,* Little, Brown and Company. (=2019, 柴田裕之訳『オリジン・ストーリー　138億年全史』筑摩書房。)

De Waal, Frans, 2009, *The Age of Empathy: Nature's Lessons for Kinder Society.* (=2010, 柴田裕之訳『共感の時代へ　動物行動学が教えてくれること』紀伊國屋書店。)

Diamond, Jared, 2014, *The Third Chimpanzee for Young People: On the Evolution and Future of*

岩木秀樹（いわき・ひでき）

1968 年、兵庫県尼崎市生まれ。
創価大学大学院博士後期課程修了、博士（社会学）。
専門、平和学、国際関係学、中東イスラーム学。
現在、創価大学非常勤講師。
主著、『戦争と平和の国際関係学――地球宇宙平和学入門』
論創社、2013 年（単著）。
『中東イスラームの歴史と現在――平和と共存をめざして』
第三文明社、2018 年（単著）。

装幀・本文レイアウト／藤井国敏

共存《きょうそん》と福祉《ふくし》の平和学《へいわがく》
——戦争原因《せんそうげんいん》と貧困《ひんこん》・格差《かくさ》

2020年8月24日　初版第1刷発行

著　者　岩木秀樹《いわきひでき》
発行者　大島光明
発行所　株式会社　第三文明社
東京都新宿区新宿 1-23-5
郵便番号 160-0022
電話番号 03-5269-7144（営業代表）
03-5269-7145（注文専用）
03-5269-7154（編集代表）
振替口座 00150-3-117823
URL　https://www.daisanbunmei.co.jp

印刷・製本　壮光舎印刷株式会社

ISBN 978-4-476-03395-3